CONSIGUE LA EXCELENCIA FINANCIERA

en

30 DÍAS

Aprende a gestionar tu dinero como un profesional de las finanzas personales

INGE NATALIE HOL

100 Steps Publishing
Inge@100stepstoFI.com
IngeNatalieHol.com

Diseño de cubierta y de interiores: Domini Dragoone, dominidragoone.com
Servicios editoriales: Noel Editorial, noeleditorial.com
Imágenes de cubierta: JaneKelly/iStock, Salamatik/iStock
Traducción: Roberto Falcó

ISBN (libro impreso): 978-84-09-27200-6
ISBN (libro electrónico): 978-84-09-27201-3

Aviso legal
Consigue la excelencia financiera en 30 días es un libro que pretende ayudar a la gente a gestionar mejor su dinero. La información que se ofrece tiene únicamente fines informativos y recoge tan solo la opinión de la autora. No es intención de la autora ofrecer consejo legal, de inversión o fiscal, por lo que no es responsable de las acciones que sean consecuencia de o estén provocadas por la información recogida en esta obra. A pesar del esfuerzo realizado para verificar la información recogida en el libro, la autora no es responsable de los errores, imprecisiones u omisiones. Si tiene dudas o preguntas sobre su situación personal debe consultarlas con un profesional. La autora no acepta ninguna responsabilidad por las pérdidas o daños provocados por la información proporcionada.

Dedicado a mis padres, May y Els:
no podría haber tenido más suerte.
Gracias por ser los mejores padres que
podría desear, por todo vuestro amor y
por todo lo que soy gracias a vosotros.

Consigue el cuaderno de trabajo gratis

Obtén el cuaderno de trabajo gratis que acompaña
***Consigue la excelencia financiera en 30 días*,**
además de otro material exclusivo.

Lo que más me gusta de escribir un libro es la posibilidad de ayudar a mis lectores para que den un nuevo rumbo a su situación financiera. He creado un cuaderno de trabajo gratis para que puedas sacarle todo el partido a este libro. Descarga estas quince páginas de contenido exclusivo y dale un giro a tu situación financiera.

Si te suscribes a mi boletín de noticias, recibirás de inmediato el siguiente material gratis:

★ El cuaderno de trabajo *Consigue la excelencia financiera en 30 días*

★ Acceso a mi curso online, *The Secrets of the 7 Income Streams*

★ Una muestra de mi libro *100 Steps to Financial Independence*

De vez en cuando envío un boletín de noticias con consejos prácticos, noticias interesantes, avisos de lanzamiento de nuevos libros y ofertas especiales de prelanzamiento. Pero ten en cuenta que en la actualidad todo este material adicional (el cuaderno de trabajo, el curso online, la muestra del libro y el boletín de noticias) se encuentra disponible únicamente en inglés.

Puedes conseguir el cuaderno, el curso en línea y la muestra gratis del libro en:

IngeNatalieHol.com/30daysdownload

Índice

INTRODUCCIÓN

MI BÚSQUEDA DE LA FELICIDAD

Un domingo por la mañana, sentada en la playa disfrutando del amanecer, observaba a mis dos labradores que no paraban de corretear por la orilla, a ver quién era más rápido. Mi pequeña terrier adoptada no mostraba el más mínimo interés por sus dos amigas; permanecía sentada a mi lado, tan pancha, mirando el sol que despuntaba en el horizonte mientras la brisa le acariciaba las orejas. En ese momento me di cuenta de lo fácil que es disfrutar de la vida, gozar de un placer intenso con tan poco: el espacio abierto de la playa, la luz del alba, el viento que te acaricia el rostro y juega con tus orejas, las olas que rompen en la orilla y te hacen cosquillas en el vientre mientras corres con tu mejor amiga...

Lo más curioso es que el paseo por la playa había sido fruto de la casualidad. Era domingo y aún tenía muchas cosas que hacer, tanto en casa como para el trabajo, por lo que tenía ganas de que los perros se cansaran para volver. Sin embargo, los perros son los mejores profesores de felicidad que existen: poseen el don de mostrarte lo bonito que puede ser todo cuando no tienes las preocupaciones, los problemas, el agobio o la tristeza que solemos experimentar en la vida diaria. De modo que cuando los vi disfrutando tanto de algo que yo solo había planeado como un breve paseo por la playa, no me quedó más remedio que sentarme y compartir aquel momento de felicidad con ellos.

Y mientras pensaba en lo que estaba sucediendo, me di cuenta de lo difícil que puede ser disfrutar de las cosas más sencillas y de mis experiencias. Sí, todos estamos muy ocupados siempre. Como suele ocurrir, apenas tengo tiempo de llevar la casa, ir a trabajar, cuidar de los niños (o animales, en mi caso), y ver a los amigos y a la familia; y menos tiempo tengo aún para invertirlo en mí misma y enfrentarme a los miedos y preocupaciones que no me dejan dormir.

Por todo eso, ese domingo por la mañana, mientras disfrutaba del amanecer en la playa y mis perros me demostraron lo maravillosa que es la vida y lo fácil que puede ser disfrutar de ella, me prometí a mí misma que debía encontrar una forma de crear un estilo de vida que me permitiera ser más feliz, sentirme más realizada y ser más alegre cada día. No quería darle un vuelco a mi vida y cambiarlo todo de arriba abajo. Solo tenía que hacer algunos cambios, pero de mayor calado para que tuvieran suficiente impacto.

En los días posteriores, no olvidé la promesa que me había hecho y, cuantas más vueltas le daba a cómo podía ser más feliz, más cuenta me daba de que mis hábitos (y en concreto mis hábitos financieros) eran el núcleo del problema. Basándome en eso fue fácil llegar a la conclusión de que también era ahí donde se encontraban gran parte de las soluciones. De modo que, tras ese amanecer en la playa, decidí que una de mis nuevas prioridades sería estar a la altura del apodo que me puso una compañera de la universidad: Inge Ninja. Pero, lejos de convertirme en una experta en artes marciales, mi objetivo era ser una ninja de las finanzas personales y la felicidad.

En los meses posteriores, decidí introducir una serie de cambios en mi vida para reactivar mi vida financiera y aumentar mi felicidad. Dediqué horas y horas a investigar, analizar y planificar lo que debía hacer. Y así fue como, poco a poco, tracé un plan.

Sabía que uno de mis deseos era irme de vacaciones ese año, por lo que creé un fondo de ahorros al que mi marido y yo empezamos a hacer aportaciones cada mes. También quería pasar menos tiempo en la oficina y más en casa, por lo que decidí aceptar una pequeña reducción de sueldo y contratar a alguien que me cubriera esas horas. Finalmente, sentí el deseo de conectar con mi lado más creativo y me busqué una segunda fuente de ingresos, y empecé a utilizar parte del tiempo libre que tenía en casa para hacer realidad ese sueño.

Además de encontrar más momentos de felicidad, también tenía que enfrentarme a algunos de los miedos que había intentado relegar, pero que siempre acababan resurgiendo tarde o temprano. Muchas de esas preocupaciones estaban relacionadas con nuestra situación financiera. No solo aumentaban mi inquietud, sino que (y esto es aún más importante) el miedo me impedía tomar medidas para contrarrestarlas. A veces es más fácil seguir avanzando que enfrentarse de cara a los miedos. Es como cuando te duele una muela, pero decides posponer la visita al dentista porque te da miedo lo que pueda decirte. Ni que decir tiene que cuanto más esperes, peor será. Y lo mismo ocurre con la gestión del dinero.

Me incomodaba mucho tener que estar pagando aún el préstamo universitario cuando ya hacía más de quince años que me había graduado. Me embargaba la incómoda sensación de que mi pasado controlaba mi presente. Por eso decidí elaborar un plan para saldar mis deudas. También quería dejar atrás el temor a no saber si tendríamos suficiente dinero para jubilarnos, por lo que acordé con mi marido que íbamos a crear un fondo de pensión y empezamos a hacer aportaciones. Además, encontré varias formas de aumentar el importe de mis aportaciones mensuales a la cuenta de ahorros y empecé a tejer una red de seguridad financiera por si en algún momento disminuían drásticamente nuestros ingresos y necesitábamos liquidez.

Me llevó un tiempo encontrar todas las soluciones y ponerlas en práctica, pero ello cambió radicalmente cómo me sentía. El mero hecho de poner en práctica algunos de estos hábitos, a pesar de que aún me faltaba mucho para liquidar el préstamo o ahorrar suficiente dinero para salir adelante en caso de emergencia, contribuyó a disminuir la ansiedad que albergaba sobre el futuro. Por primera vez desde hacía mucho tiempo, tenía la sensación de controlar lo que me ocurría, en lugar de estar a merced de los avatares de la vida. Cada vez que me conectaba a mi cuenta bancaria, veía que, poco a poco, los objetivos se iban haciendo realidad: el fondo para las vacaciones empezaba a llenarse e iba saldando mis deudas más rápido que en el pasado. Asimismo, al poner en marcha mi proyecto personal, dedicarle algo de tiempo y comprobar los ingresos adicionales que obtenía cada semana me sentía muy feliz. Y aunque todavía me quedaban unos treinta años para jubilarme, me sentía más tranquila sabiendo que había empezado a ahorrar para ese momento. El conjunto de medidas que había puesto en práctica me había quitado un gran peso de encima y cambiaron mi visión sobre la vida, que pasó a ser mucho más optimista.

A menudo, las responsabilidades que debemos asumir en el día a día en el trabajo, en el cuidado de nuestras familias, para pagar todas las facturas y cumplir con todas nuestras obligaciones sociales nos impiden tomarnos un momento de reflexión y darle un cambio a nuestra vida para perseguir lo que de verdad nos interesa. Ya sea un viaje alrededor del mundo o algo tan prosaico como disfrutar de esos pequeños momentos de felicidad de nuestra vida diaria, hasta que no damos un paso atrás y nos obligamos a tomar las riendas de nuestra vida no podemos empezar a ser lo que de verdad queremos.

He descubierto que, al cambiar mi modo de pensar, poner en práctica nuevos hábitos y adquirir un conocimiento básico sobre conceptos económicos, cualquiera puede tener no solo una vida financiera más segura, sino disfrutar de una mayor sensación de felicidad.

Al final descubrí que no era tan difícil hacer estos cambios. Pero puede suponer todo un reto si no sabes por dónde empezar. Por eso decidí escribir este libro. Quiero que disfrutes de la misma sensación de bienestar que yo cada día: menos estrés y preocupaciones, y más felicidad y un mayor control sobre tu vida. Pero también quiero que llegues a ese objetivo sin tener que invertir todo el tiempo y energía que necesité para darme cuenta de ello. He intentado facilitarte las cosas al máximo.

En estas páginas te indicaré el camino exacto que debes tomar para convertirte en un ninja de las finanzas personales. Te mostraré lo que tienes que hacer en tan solo treinta días para lograrlo. Escrito a modo de guía práctica, este libro te permitirá enderezar tus finanzas y forjar una vida más feliz y sana, para el presente y el futuro. Te acompañará en el proceso hacia una nueva vida financiera, dando un paso nuevo cada día.

Durante los próximos treinta días, abarcaremos los ocho elementos esenciales que conforman tu situación económica. Cada día nos centraremos en un aspecto de tus finanzas y acabaremos con un plan de acción práctico y los pasos que debes dar para encarrilar esa parte de tus finanzas. A partir de hoy mismo, te acompañaré en el proceso de desenterrar, desempolvar, poner en orden, organizar para poder planificar, trabajar y moldear tus finanzas y que se ajusten a lo que tú quieres que sean.

Confío en que dentro de no mucho echarás la vista atrás y te preguntarás por qué tardaste tanto en pasar a la acción.

Sin embargo, no será algo que ocurra de un día para otro, ya que este proceso exige trabajo y dedicación. Y, por desgracia, cuanto más tiempo hayas ignorado tus problemas de finanzas personales, más te costará encauzar tu situación y resolverla de una vez por todas. ¡Pero puedes hacerlo! Solo necesitas confiar en ti y en el programa, dedicarle un poco de tiempo en los próximos 30 días (o más si decides tomártelo con algo más de calma) y la fuerza de voluntad necesaria para abrir un nuevo episodio de tu vida financiera personal.

Este libro trata sobre tus finanzas, pero solo te ofrece un medio para alcanzar un fin. El principal objetivo para analizar tu situación económica no es mejorar tus dotes de gestión del dinero, sino que al adentrarte en esta materia y poner en marcha un sistema adecuado a tus necesidades podrás cumplir tus sueños, ya sean a corto o largo plazo, del mismo modo que mi viaje no empezó con dinero, sino con el deseo de encontrar la felicidad. Los deseos y los sueños dejan de serlo cuando empiezas a tomar medidas para que se hagan realidad.

Cómo usar este libro

Quería que este libro fuera práctico, por eso he redactado capítulos breves, que van al grano. No encontrarás largas explicaciones ni teorías sobre finanzas personales ni gestión financiera, solo la información clave que necesitas saber, acompañada de los pasos prácticos que puedes dar de inmediato para organizar de una vez por todas esa área concreta de tus finanzas. Mi objetivo es que puedas leer cada capítulo en unos minutos y poner en práctica cuanto antes los deberes de ese día.

El libro está dividido en 30 días y puedes completarlo en un mes. Pero si sabes que no vas a poder dedicarle un tiempo al proyecto, cada día durante un mes, no pasa nada. Crea un calendario que se adapte a tu situación. Tal vez te resulte más cómodo trabajar dos o tres veces a la semana, o hacer varias tareas de golpe durante el fin de semana. Todas las opciones son válidas, lo importante es que te sirva a ti. Sé constante en las tareas. Esto te permitirá tomar impulso y mantener la motivación a medida que veas pequeños progresos que te impulsan hacia una nueva vida con una mayor riqueza y felicidad.

¿Cómo está organizado el libro?

Este libro está dividido en ocho partes: cada una se corresponde con un área importante de tus finanzas. Todas, excepto la primera, están subdivididas en cuatro temas que suelen ajustarse al siguiente formato.

- ★ **Analiza tu situación actual:** habitualmente la primera tarea de cada parte consiste en definir tu situación actual. Antes de decidir la dirección que debes tomar, tienes que averiguar dónde te encuentras.

- ★ **Pon en práctica un nuevo hábito:** aprenderás el hábito más importante que puedes poner en práctica para marcar las diferencias en cada una de las ocho áreas de tus finanzas.

- ★ **Decide dónde quieres llegar:** fijarás unos objetivos realistas para cada área y decidirás cómo alcanzarlos .

- ★ **Consejo profesional:** al final de la mayoría de las secciones, encontrarás un hábito más avanzado que debes adoptar para llevar a cabo un cambio perdurable a largo plazo.

10 consejos para sacar el máximo partido a los próximos 30 días

Antes de adentrarnos en el contenido real de este libro, te ofrezco diez consejos rápidos y sencillos que te ayudarán a sacarle todo el provecho a este programa de 30 días:

1. Ten en cuenta que cada uno llevará a cabo un viaje distinto. No juzgues, no te sientas juzgado y no intentes imitar a los demás. Sigue tu

propio camino. Sí, quizá tu vecino gane más dinero, haya recibido una buena herencia de sus padres, lleve un coche más grande o su empresa le haya ofrecido un fondo de pensión mejor que el tuyo… Mala suerte, pero lo cierto es que no puedes hacer nada al respecto. Céntrate en lo que sí puedes hacer, y eso es tu vida financiera. No tiene sentido que te pongas a darle vueltas a los «y si…» porque ello no te permitirá alcanzar más fácilmente tu objetivo de excelencia financiera.

2. Dedícale un poco de tiempo cada día a tus finanzas. Señala este tiempo en el calendario. Si no puedes dedicarle un tiempo cada día, intenta planificarte y encontrar un hueco en tu horario. Si te falta tiempo o temes que puedas necesitar mucho para cada tarea dado el mal estado de tus finanzas, limítate a una tarea a la semana. Esto significa que habrás cumplido con tus objetivos al cabo de seis meses. Simplemente ten en cuenta que debes dedicarle el tiempo necesario. No puedes dejarlo todo en manos del azar; si quieres tener éxito en tus finanzas debes planificarlo todo como es debido.

3. No pases a la siguiente tarea hasta que hayas completado la anterior. La mayoría de los planes de acción se basan en las medidas que hayas tomado previamente, por lo que no tiene mucho sentido adelantarse si te has saltado un paso.

4. Ten una libreta a mano para tomar notas cuando analices la actividad de cada día. Anota tus pensamientos, planes y los ejercicios del día. También puedes crear un archivo digital si prefieres trabajar con el ordenador.

5. Pide ayuda a alguien que esté dispuesto a hacerte rendir cuentas de tu progreso para no desviarte de tus objetivos. O mejor aún, busca a alguien que quiera acompañarte en este desafío y hacerlo contigo. Al compartir objetivos, aumentan automáticamente las probabilidades de lograr el éxito. Publica mensajes en las redes sociales usando la etiqueta #excelenciafinancieraen30días para que los demás vean tu progreso, que podría servirles de inspiración.

6. Pasa a la acción. Puedes pasarte horas, días e incluso semanas para encontrar la solución perfecta a cualquier problema, pero como reza

el dicho: «Más vale acción imperfecta que inacción perfecta». No le des más vueltas de lo necesario a las cosas. Pasa a la acción.

7. Involucra a tu pareja, hijos o compañeros de piso, pero no esperes que sientan la misma motivación que tú. Este es tu proyecto; eres tú quien lo ha puesto en marcha, de modo que tú debes ser el motor principal que te permita mejorar tus finanzas. Si comparten la motivación contigo, perfecto; si no, asegúrate al menos de que sepan qué estás haciendo y por qué es importante.

8. Recuerda que la excelencia financiera no es un objetivo que comparta la mayoría de gente. Es posible que empieces a hacer cosas que tus amigos, familiares y colegas no habrían hecho jamás. Puede que te digan que no le des tantas vueltas al asunto o que de pronto te has convertido en una persona con hábitos muy frugales u obsesivos. Si te preocupa, pregúntate si poseen un dominio sobre sus finanzas personales como el que aspiras a alcanzar. Si no es así y compruebas que llevan una vida muy típica, llena de preocupaciones económicas y entregados a un futuro incierto (si no lo sabes, pregúntate cómo financian todo lo que compran y hacen), recuerda que tú lo estás haciendo porque aspiras a que tanto tú como tu familia podáis disfrutar de una mejor situación económica. No hagas caso de sus opiniones y sigue leyendo el libro. Si consideras que poseen un buen dominio de las finanzas personales, no dudes en consultarles cómo han logrado el éxito y aprende de sus palabras.

9. Hagas lo que hagas, pregúntate siempre qué te haría feliz de verdad. Cuando te fijes unos objetivos concretos, no dejes de lado tu felicidad y la de tu familia. No es más importante tener dinero que ser feliz y gozar de buena salud. ¿Qué significa para ti el dinero y qué te permite hacer? Tener un millón de dólares en el banco no es un objetivo muy lógico si no sabes por qué lo persigues. El dinero en sí nunca debería ser el objetivo. Tu objetivo debería ser lo que quieres hacer con el dinero: viajar, comprarte una segunda residencia en la playa, tener un trabajo que te encante, aunque el sueldo no sea una maravilla, pasar más tiempo con tu familia, ofrecerte de

voluntario… Tu objetivo no debería ser ganar un millón de dólares si ello te obliga a trabajar sesenta horas a la semana el resto de la vida a costa de lo que de verdad te gusta.

10. Mucho cuidado con las excusas que puedas usar para no completar las tareas, como escudarte en la sensación de que son demasiado difíciles o aburridas. Sea como sea, no te quedará más remedio que arremangarte y seguir adelante. Además, ¿qué suponen 30 días de tu vida si con ello logras ahorrar dinero, dejar de lado varias preocupaciones y llevar una vida más feliz y próspera?

PRIMERA PARTE

TU MENTALIDAD CON EL DINERO

Tu mentalidad es el conjunto de creencias y suposiciones sobre ti y, más en concreto, sobre tus habilidades, inteligencia y aptitudes. Determina cómo te enfrentas a los desafíos, cómo aprendes, defines y alcanzas el éxito.

Según la psicóloga Carol Dweck, hay dos tipos de mentalidades: una fija y una de crecimiento. La gente con una mentalidad fija cree que los rasgos, la inteligencia y las aptitudes de una persona constituyen una constelación innata que está determinada para toda la vida. La gente con una mentalidad de crecimiento cree que las habilidades e inteligencia son flexibles y pueden desarrollarse a lo largo de la vida.

La gente con una mentalidad fija tiende a creer que no se puede hacer nada para solucionar un problema y no intenta cambiar su situación, mientras que quienes tienen una mentalidad de crecimiento suelen abordar los problemas de forma activa, encuentran nuevas soluciones y aprenden nuevas habilidades a medida que es necesario.

Como tu mentalidad desempeña un papel importante en tus habilidades para enfrentarte a cualquier desafío de la vida, incluidos los de tu vida financiera, empezarás el viaje de 30 días hacia la excelencia financiera analizando detenidamente tus pensamientos y creencias sobre tus habilidades para gestionar el dinero. Así, al adoptar y usar la mentalidad de crecimiento, transformarás todos los pensamientos negativos en positivos, reforzarás tus creencias y habrás sentado los cimientos para conseguir la excelencia financiera.

Día 1

¿CUÁL ES TU MENTALIDAD CON EL DINERO?

Tu mentalidad con el dinero rige tus hábitos financieros, las decisiones que tomas y tus acciones. Aunque tal vez no seas siempre consciente de ellos, tus sentimientos y pensamientos ejercen una gran influencia en tu capacidad para llevar una vida financiera satisfactoria. Es muy difícil lograr algo sin la actitud, la motivación y el convencimiento de que puedes hacerlo. ¿Qué probabilidades tienes de disfrutar de una vida de éxito a nivel financiero si, en el fondo, crees que eres un completo fracaso en lo que se refiere a gestionar tu dinero o si crees que el dinero no es muy importante?

De modo que empecemos averiguando qué piensas sobre el dinero. Cuando te hayas formado una imagen clara de estas ideas, puedes empezar a trabajar para convertirlas en afirmaciones de empoderamiento.

Lee las siguientes afirmaciones y marca cada una con un 1 (de acuerdo), 2 (neutro) o 3 (desacuerdo). Recuerda que nadie más verá este ejercicio, así que responde con sinceridad.

☐ **Nunca he tenido buena mano para el dinero.**

☐ **Querer más dinero es una señal de codicia.**

☐ Mis padres/pareja/profesores me decían que al ser mujer/hombre/ cuando era pequeño/debido a mi trabajo muy bien remunerado/ mal remunerado/etc. no tenía que preocuparme por el dinero.

☐ Nunca he tenido suficiente dinero para mis objetivos personales.

☐ Nunca le he dado prioridad al dinero.

☐ Siempre estoy arruinado.

☐ Me cuesta ganar (más) dinero.

☐ Siempre me ahogan las deudas.

☐ Nunca seré rico/a.

☐ Hay muchos motivos por los que no tengo dinero.

☐ Por mucho que me esfuerce nunca me pagarán lo suficiente.

☐ Los ricos lo son solo porque han tenido mucha suerte o son muy codiciosos.

☐ Pensar en dinero me estresa, agota, aterra o angustia.

☐ El dinero es el origen de muchos males.

☐ Elegir riqueza significa renunciar a la felicidad.

Cuando hayas leído todas las frases, contabiliza los puntos. Sigue leyendo para averiguar qué dice la puntuación de ti y de tu actitud hacia el dinero.

15-25: Necesitas ayuda. Tu capacidad para gestionar el dinero no te infunde una gran seguridad ni optimismo, y temes que nunca cambie este sentimiento. Te preocupa que esto pueda afectarte a ti y a tu familia a largo plazo y no sabes por dónde empezar para salir de esta situación y darle un vuelco de una vez por todas.

26-35: Estás en el buen camino. Tu habilidad para gestionar el dinero no te genera desesperación, pero te asaltan las dudas porque no sabes si has tomado el rumbo correcto. Eres consciente de la necesidad de poner en orden tu vida financiera y en el futuro te gustaría sentir una mayor seguridad por tu situación.

36-45: Tienes sentido común. Confías en tu habilidad para gestionar el dinero y tienes ganas de mejorar en este aspecto para disfrutar de una vida financiera excepcional. Sabes que te queda un largo camino por delante, pero ello no te desespera. Sientes una gran motivación para abordar la situación de tus finanzas y avanzar hacia el siguiente nivel de conocimientos financieros.

Sea cual sea tu categoría, a lo largo de las próximas cuatro semanas este libro te proporcionará las habilidades necesarias para que puedas forjar una vida financiera segura y estable ahora y en el futuro.

Día 1 PLAN DE ACCIÓN
Analiza tus creencias relacionadas con las finanzas.

1. De las afirmaciones que has valorado antes, elige las tres que te parecen más acertadas, sorprendentes, reveladoras o temibles.

2. Responde a las siguientes preguntas en tu libreta: ¿por qué crees que albergas estos pensamientos o sentimientos en concreto? ¿Se debe a la educación que recibiste, a tu entorno pasado o actual, o a algo que te haya ocurrido?

Día 2

CREA TUS NUEVOS PRINCIPIOS SOBRE EL DINERO

Hay una conocida máxima que dice: «Somos hijos de nuestros pensamientos». Esta afirmación sugiere que los pensamientos que permitimos que existan en nuestra mente pueden ayudarnos en nuestro viaje para mejorar y progresar. De un modo parecido, los pensamientos negativos pueden devenir obstáculos que tal vez nos impidan seguir avanzando.

El día 1 identificaste las creencias restrictivas que podían impedirte ver con claridad tu auténtico potencial en todo lo relacionado con la gestión económica. Si intentas convencerte de que no tienes suficiente dinero o de que no eres una persona responsable desde el punto de vista financiero, acabarás creyéndotelo.

Hoy quiero que transformes esas afirmaciones en un enfoque más positivo. A partir de ahora debes creer que tanto tú como tus creencias y tu realidad podéis cambiar.

No es tarea fácil darle la vuelta a una creencia negativa y convertirla en positiva, por eso hay que ir paso a paso y reescribir las frases anteriores poco a poco, así cuando hayas dado entre cinco y ocho pasos habrás creado una afirmación positiva. De este modo resulta mucho más fácil pasar de un punto de vista negativo a uno positivo, como podrás ver a continuación:

Nunca he tenido buena mano para el dinero **puede convertirse en:**

Aún no he tenido buena mano con el dinero.

Puedo aprender a gestionar mejor el dinero.

Quiero y voy a gestionar mejor el dinero.

He empezado a aprender cómo puedo gestionar mejor el dinero.

Estoy empezando a gestionar mejor el dinero.

Tengo buena mano con el dinero.

Sé gestionar muy bien el dinero.

Siempre me ahogan las deudas **puede convertirse en:**

Siempre me ahogan las deudas, pero eso cambiará a partir de hoy.

Siempre me ahogan las deudas, pero voy a tomar medidas.

Siempre me ahogan las deudas, pero he empezado a saldarlas.

Antes me ahogaban las deudas, pero ya he saldado una por completo.

Antes me ahogaban las deudas, pero he tomado medidas para
saldarlas todas.

Antes me ahogaban las deudas, pero ya las he saldado todas.

Estas transformaciones son muy personales, así que tienes total libertad para elegir las tuyas. No hay una única ruta acertada para cada afirmación. Cada uno emprende un viaje distinto y el proceso de reescritura de las afirmaciones es una experiencia muy personal.

A medida que dejes atrás los matices negativos y adoptes los positivos, el objetivo es alcanzar el punto de inflexión: el lugar que está más allá de nivel de confort actual. Esa frase será la que se convertirá en tu nueva verdad o afirmación.

Alinea tus pensamientos con tus objetivos.

1. Toma las tres afirmaciones del día 1 que has elegido por considerarlas más precisas o de mayor calado, reescríbelas y transfórmalas en una afirmación positiva haciendo cambios graduales hasta que tengas tu propia lista de afirmaciones transformadoras para cada una de las tres originales.

2. A medida que leas y avances en el proceso de transformación para pasar de las afirmaciones negativas a las positivas, elige con qué descripción reescrita te sientes más cómodo y con cuál te identificas más. A continuación, pasa al siguiente nivel en tu viaje hacia la meta positiva. Esas serán las afirmaciones en las que debes trabajar.

3. Toma las tres afirmaciones nuevas y ponlas en el espejo del baño, en la nevera o escríbelas en tu diario. Léelas en voz alta por la mañana y por la noche, cada día, medita sobre ellas o escribe alguna reflexión. Con el tiempo, se convertirán en tus nuevas verdades. Déjate guiar por tu mente y no tardarás en descubrir que empiezas a adaptar tu comportamiento a estas nuevas verdades.

4. Cuando las nuevas afirmaciones dejen de resultarte incómodas y se transformen en tu nueva realidad, pasa al siguiente nivel. Deberías cambiar cada una en cuanto te identifiques con ella y no la veas como un reto en el que debes depositar tu fe.

TUS GASTOS

Tus gastos desempeñan un papel fundamental en este curso de 30 días. Conforman, junto con los ingresos, la base de tus finanzas. Si gastas más de lo que ganas, la deuda se acumula, lo que significa que estás poniendo en peligro tu situación económica, con todos los aspectos negativos que ello conlleva: intereses y una peor calificación crediticia. Sin embargo, si ganas más de lo que gastas, estás invirtiendo en un futuro financiero seguro, ya que acumulas ahorros.

Si no tienes el control de tus gastos, enseguida te darás cuenta de que son ellos los que tienen el control sobre ti. Tal vez te parezca una afirmación exagerada, pero nunca había sido tan fácil gastar dinero como hoy en día ya que disponemos de una conexión continua a millones de opciones de compra, mientras que el autocontrol y la planificación no son nuestro punto fuerte cuando hablamos de dinero, sobre todo en épocas de estrés.

Si no tienes el control absoluto de tus gastos, les estás dando rienda suelta lo que puede provocar que acabes acumulando una gran deuda o te impida ahorrar para el futuro. Si tienes la sensación de que nunca llegas a final de mes, te conviene empezar a gestionar de forma activa cada dólar, euro, libra o cualquier otra divisa con la que te paguen. Debes cambiar de paradigma: tu dinero es el equipo que debes dirigir e instruir. Haz que siga un camino en el que todo el mundo sepa lo que hace y cómo puede contribuir al bien común; debes lograr el equilibrio entre disfrutar de la vida que tienes ahora e invertir en un futuro seguro.

El objetivo de esta sección no es que reduzcas los gastos al mínimo absoluto, ahorres de forma agresiva y empieces a pensar que todo gasto es malo. Al contrario, los gastos te permiten cuidar de tu familia y de ti, y divertirte. Los gastos son, en muchos sentidos, algo bueno.

Lo que quiero es que te asegures de que puedes asumir los gastos que tienes y de que se corresponden con tus objetivos financieros generales y tu felicidad. Puede resultar muy fácil y tentador gastar dinero a espuertas porque siempre lo has hecho. Por lo tanto, en esta parte quiero que analices tus gastos con mirada crítica y determines si se ajustan de verdad a aquello en lo que quieres emplear tu dinero.

Día 3

Nuestro principal objetivo en esta sección es equilibrar los gastos con los ingresos y objetivos para que puedas empezar a reducir costes e invertir la diferencia en otros objetivos financieros, como la liquidación de deudas, generar ahorros e invertir en tu jubilación.

Para empezar, tendrás que analizar detenidamente cuáles son tus patrones de gasto: ¿A qué destinas tus ingresos mensuales? ¿Qué porcentaje de tus gastos dedicas a alimentación, a restaurantes, ahorros o costes del coche? Si no sabes en qué empleas el dinero, te costará más llevar a cabo cambios estructurales y tomar las medidas necesarias para mejorar tu situación financiera.

Esto significa que deberás llevar un registro riguroso de los gastos. Tú decides si quieres anotar hasta el último céntimo o si prefieres redondear las cifras; lo que importa es que lo hagas de tal manera que puedas mantener este nuevo hábito durante al menos un mes. Un mes entero de datos te proporcionará información muy valiosa sobre lo que haces con el dinero. Te permitirá tomar decisiones bien fundadas sobre dónde puedes reducir gastos, lo que a su vez será de gran utilidad cuando empieces a planificar otras áreas de tus finanzas.

Tienes diversos métodos para llevar un registro de lo que haces con el dinero: puedes usar una libreta, una hoja de cálculo o una de las muchas aplicaciones para móviles que existen, como Mint o YNAB. Tú eliges, pero no dediques más tiempo del estrictamente necesario a investigar las diversas opciones en lugar de ponerte manos a la obra.

Si es la primera vez que llevas un registro de los gastos, tal vez te cueste un poco más interiorizar este nuevo hábito. Intenta no dejarlo, aunque se te olvide algún día. No pasa nada si te saltas un día o dos, pero luego apunta lo que recuerdes y sigue adelante. ¡No se hunde el mundo si no llevas un registro perfecto!

Día 3 PLAN DE ACCIÓN
Sigue tu dinero.

1. Usa una libreta, una hoja de cálculo o elige una de las aplicaciones para móviles que hay en el mercado y decide cómo vas a llevar el registro de los gastos. Recuerda que siempre puedes cambiar más adelante, así que más vale que empieces hoy y no dediques más tiempo del necesario a tomar la decisión propiamente dicha. Es importante que sea una herramienta fácil de usar y que te permita actualizar los datos donde y cuando quieras.

2. Acostúmbrate a registrar los gastos en el mismo momento cada día: por la noche, al comprar algo o cuando pares para comer.

3. Consulta a diario todos los gastos que tengas domiciliados en el banco (hipoteca, servicios básicos, etc.).

4. Crea una serie de categorías lógicas en el registro de datos en cuanto tengas datos suficientes, de este modo estarán más ordenados y estructurados. Costes del hogar (hipoteca/alquiler, agua, gas, electricidad, impuestos), costes de transporte (combustible, seguro, mantenimiento) y dinero para ocio (restaurantes, citas o viajes familiares) son ejemplos de varias categorías generales que pueden ayudarte a organizarte.

5. Es recomendable que reúnas al menos un mes de datos. No tienes por qué dejar de hacerlo a medida que avances en el libro; de

hecho, es muy buena idea que los registres siempre que puedas. Cuando tengas todo un mes, puedes repasar algunas de las tareas del libro.

6. Intenta convertirlo en un hábito que te acompañe siempre. Una vez que empieces te resultará más fácil, y una de las ventajas de saber cuánto y cómo gastas dinero en un período de tiempo prolongado es que te ayudará a tomar mejores decisiones financieras en el futuro.

Día 4

★ Llévate la comida o el café de casa para el trabajo en lugar de comprarlos siempre fuera.

★ Deja de fumar.

★ Usa el transporte público, ve en bicicleta o camina en lugar de usar el vehículo particular.

★ Fíjate un límite de dinero para restaurantes o para salir de copas con los amigos.

★ Cuando vayas a comprar al supermercado, elige marcas blancas y presta especial atención a cualquier oferta o promoción de productos que haya.

★ Anula las suscripciones o las cuotas de socio a las que no hayas sacado partido últimamente, como el gimnasio, la televisión por cable o la suscripción de revistas.

★ En el caso de los pagos mensuales que no puedas eliminar, busca alternativas más asequibles. ¿Puedes elegir una tarifa más barata o hay una empresa eléctrica que ofrezca mejores precios?

★ Intenta poner en práctica pequeños cambios de comportamiento que te permitan ahorrar en las facturas de la luz o del agua: apaga la luz y desconecta los electrodomésticos cuando no tengas que usarlos, cierra el grifo del agua cuando te cepilles los dientes o date duchas más cortas.

Analiza tus gastos con una mirada creativa. Estoy convencida de que se te ocurrirán más ideas para reducir algunos de ellos.

Día 4 PLAN DE ACCIÓN
Reduce un gasto.

1. Piensa en el gasto que podría interesarte limitar. Empieza solo con uno. Si recortas de forma muy drástica de golpe, tu motivación podría verse afectada si el sacrificio que exige es demasiado grande.

2. Calcula el ahorro que crees que podrías conseguir con un esfuerzo moderado. Sé realista, pero fíjate un desafío que sea lo bastante grande para combinar utilidad y emoción.

3. Empieza a ahorrar y al final de cada día, semana o mes aparta la cantidad que habías calculado que podías ahorrar en ese período de tiempo. Tienes diversas opciones a tu disposición: puedes sacar el dinero de la cartera y ponerlo en un bote de cristal o transferirlo a una cuenta bancaria separada. Cuando apartes el dinero, te darás cuenta de todo lo que has logrado, mucho más que si lo hubieras dejado en la cartera o en tu cuenta corriente.

4. Más adelante, a lo largo de estos treinta días, aprenderás a darle un buen uso a este dinero: puedes crear un fondo de emergencia, saldar deudas antiguas o ahorrar para un objetivo a largo plazo.

Día 5

CREA UN PLAN DE GASTOS

La mejor manera de darle un buen impulso a tu viaje hacia la excelencia financiera es tomando el control proactivo sobre el dinero que gastas. Eso significa que antes de recibir la nómina o cualquier otro ingreso, debes decidir a qué vas a dedicarlo. Para ello, debes establecer un plan de gastos: un plan que te ayude a tomar decisiones sobre en qué hay que emplear el dinero, en lugar de esperar hasta fin de mes para saber adónde ha ido.

El objetivo principal de un plan de gastos es ayudarte a planificar qué porcentaje deseas dedicar a cada categoría de gastos. También te ayuda a asegurarte de que no gastes más de lo que ingresas cada mes, algo muy importante si no quieres endeudarte (más). Por último, te permite apartar dinero para objetivos a largo plazo, como ahorros, pago de deudas o contribuciones para la jubilación. Sin un plan como es debido, es habitual que este tipo de pagos caigan en el olvido. No esperes a haber gastado todo el dinero para decidir cuánto destinarás a objetivos a largo plazo. Usa el plan de gastos para decidir de forma activa cuánto quieres ahorrar cada mes.

A medida que empieces a llevar un registro sobre tus gastos (como vimos en el día 3), deberías tener cada vez más claro cuánto destinas a cada categoría. Usa esa información para elaborar un primer borrador del plan. Si gastas una media de 100 $ en la compra semanal del supermercado, asigna 400 $ o 450 $ a alimentación en el plan de gastos; de este modo sabrás que necesitarás esa cantidad cada mes. Sigue una estrategia similar para cumplimentar las otras partes del plan de gastos hasta que tengas un «presupuesto cerrado», lo que significa que sabrás a qué dedicas hasta el último dólar o euro de tu nómina.

Es probable que el primer plan no profundice demasiado sobre cómo vas a gastar el dinero, sino que se convierta en un reflejo de cómo lo gastas actualmente. Es normal, ningún problema, y acostumbra a ser la mejor forma de empezar. A partir de aquí, puedes empezar realizando pequeños ajustes. En cuanto te acostumbres a crear, actualizar y seguir el plan de gastos, te darás cuenta de lo útil que te resultará cuando pases a elaborar una estrategia para conseguir objetivos financieros a largo plazo.

Día 5 PLAN DE ACCIÓN
Crea el primer borrador del plan de gastos.

Utiliza extractos bancarios, recibos y tus cálculos para crear el primer borrador del plan de gastos:

1. Enumera las categorías y subcategorías de gastos.

2. Calcula el total que esperas gastar mensualmente para cada categoría.

3. No olvides identificar las categorías que no son fijas, como regalos, peluquería y los costes de mantenimiento de un vehículo. Es posible que no todos los meses tengas esos gastos, pero aun así deberían formar parte del plan. La mejor forma de contabilizar estos dispendios puntuales es pensar cuánto destinas a estos y dividir la cantidad por el número de meses que transcurren entre cada uno. Por ejemplo, si gastas 60 $ en peluquería cada tres meses, anota 20 $ mensuales en el plan para esta actividad.

4. Aprovecha el resto del mes para consultar el plan a diario y actualizar los datos, de este modo siempre sabrás cuánto has gastado en cada categoría y cuánto te queda hasta final de mes.

5. Actualiza el plan a medida que pasen los días si crees que necesitas más dinero para determinada categoría y quítalo de otra que necesite menos de lo que considerabas.

6. Al comienzo de cada mes, crea un plan nuevo. Ajusta los importes por categoría en función de los aspectos concretos que te surjan ese mes (cumpleaños, viajes, etc.) y aprovecha para analizar más cabalmente a qué destinas tus gastos.

Día 6

Tu plan de gastos te permite formarte una idea mucho más clara de cuáles son tus gastos financieros actuales. Y aunque tal vez ya hayas comenzado a ajustar ligeramente los desembolsos limitando uno (día 4), lo lógico es que llegues a la conclusión de que tienes varios a los que debes destinar un porcentaje excesivo de tu presupuesto. En este apartado podrían entrar desde el coste de internet al seguro del vehículo o lo que gastas en ropa.

De modo que el siguiente paso del viaje es fijarse unos objetivos para los patrones de gasto y planificar cómo vas a ajustarlos poco a poco para que acaben adaptándose a tus necesidades. Esto allana el camino para elaborar un plan a lo largo de los próximos meses cuyo objetivo es que el gasto sea más consciente y esté en consonancia con tus intereses reales y que, al mismo tiempo, te permita ahorrar más dinero para mejorar tu futuro financiero.

La forma más fácil de empezar a crear un objetivo de plan de gastos es usar la regla de 50/20/30 a modo de guía. Según esta regla, tu objetivo debería ser dedicar un 50 % del dinero que ganas en gastos esenciales y directos (alquiler/hipoteca, alimentación, suministros básicos, gastos del vehículo, etc.), un 20 % a ahorros (inversiones, cuentas de ahorros, planes de jubilación, devolver la deuda adquirida, etc.), y un 30 % para ocio o gastos discrecionales (citas, vacaciones, esos zapatos nuevos que te apetece comprar solo porque te gustan).

Sin embargo, ten en cuenta que esta regla es solo una guía y que no se ajusta a la situación de todo el mundo por igual. Cabe la posibilidad de que debas dedicar un mayor porcentaje a los gastos esenciales por el motivo que sea; quizá el 20 % dedicado a ahorro te parezca inalcanzable en este momento o puede que te resulte una cifra demasiado conservadora. El verdadero desafío es encontrar los porcentajes que te parezcan correctos y tener en cuenta que probablemente cambiarán en el futuro a medida que evolucionen tu estilo de vida y tus gastos.

Día 6 PLAN DE ACCIÓN
Evalúa tus gastos con la regla 50/20/30.

1. Saca el plan de gastos que elaboraste el día 5 y calcula los porcentajes de tus categorías de gastos. ¿Cuál es tu distribución actual para gastos esenciales, de ahorro y discrecionales?

2. Determina lo lejos que estás de cumplir con la guía del 50/20/30.

3. Decide cuál sería una distribución razonable a la que aspirar. Adapta los números 50/20/30 como mejor te parezca, pero recuerda que cuando los sumes deben dar 100 para representar el 100 % de tus gastos.

4. Toma tu versión ideal de la distribución 50/20/30 y analiza en qué punto te encuentras para alcanzarla. ¿Qué pequeños ajustes podrías hacer en el futuro para poner en práctica un cambio lento que te lleve hacia una distribución más deseada de tus gastos? Supongamos que te gustaría llegar a un porcentaje de gastos de ahorro del 18 %, pero actualmente estás en el 10 %. ¿Qué pequeños pasos puedes dar ahora o en un futuro próximo para acercarte poco a poco al 18 %? Elabora una lista de ideas porque comenzaremos a implementarlas el día 8.

TUS AHORROS

Tus ahorros son para las necesidades a corto plazo, tus sueños a largo plazo y lo que quede en medio. Tener ahorros para necesidades a corto plazo, como impuestos, cambiar de ordenador o los regalos de Navidad de este año, puede ser muy reconfortante y eliminar las preocupaciones económicas. Acumular ahorros para objetivos a largo plazo puede ser emocionante y motivador, ya sea para la entrada de una casa, unas vacaciones en París, un nuevo móvil o portátil al que le has echado el ojo desde hace tiempo, o para disfrutar de una jubilación sin agobios.

Hacer crecer los ahorros significa que estás invirtiendo en tu futuro. Lo que ahorras para mañana no puedes gastarlo hoy, por lo que necesitas autocontrol y un plan. Cuanto más ahorres, más sólidos serán los cimientos de tu futuro. Por supuesto, nadie sabe qué le deparará el futuro, y vivir solo para ellos puede quitarte la alegría del presente. Sin embargo, vivir solo en el presente, sin planificar el futuro y dejar tu seguridad financiera en manos de los demás, el azar o la suerte, es una apuesta arriesgada y que lamentarás cuando el futuro esté a la vuelta de la esquina y no sea tan seguro o próspero como querías.

Una vida sin ahorros significa que no puedes permitirte el lujo de soñar y de trabajar para lograr un objetivo. En consecuencia, cuando tengas que realizar una compra importante tendrás que pedir un préstamo, lo que aumentará considerablemente el coste de la compra debido a los intereses. Significa que no sentirás la emoción o satisfacción del proceso de trabajar para lograr un objetivo concreto y por haber controlado el impulso de comprar algo a crédito. Si no tienes ahorros, o se trata de una cantidad muy pequeña, es muy probable que no puedas jubilarte a la edad deseada porque no dispondrás de los fondos necesarios para sufragar todos los gastos habituales cuando dejes de recibir tus ingresos habituales.

No tener ahorros significa que no tendrás red de seguridad. Y es de vital importancia tener esa red de seguridad si quieres evitar el riesgo de no poder permitirte siquiera los gastos más básicos de tu vida diaria. Sin red de seguridad, no podrás reparar la lavadora cuando se estropee. Si te quedas sin trabajo y no cuentas con una red de seguridad, puede que tengas que anular las vacaciones que habías planeado y que tanta ilusión hacían a tus hijos. Puede significar que tu salud sufrirá un deterioro, que tu movilidad se verá reducida o podría tener consecuencias mucho más graves si no eres capaz de hacer frente a gastos médicos inesperados.

Sin embargo, una vida con ahorros es muy distinta:

★ Disfrutas de una mayor tranquilidad al saber que puedes hacer frente a gastos inesperados gracias al fondo de emergencias.

★ Si creas un fondo para comprar un coche, sientes una gran satisfacción cuando llega el momento de cambiar de vehículo y puedes pagarlo en efectivo sin tener que financiarlo con un costoso préstamo.

★ Sientes una gran emoción a medida que avanzas y cumples con los objetivos que te has marcado, sabiendo que cada mes das un paso más que te acerca a ellos.

★ Sabes que podrás disfrutar de una jubilación plácida gracias a las aportaciones que estás haciendo.

En este momento la cuestión no es que ahorres 500 $, 20 $ o 1 $ al mes. Lo importante es progresar y, aunque creas que no sirve de gran cosa ahorrar 1 $ al mes y destinarlo a un gran objetivo, créeme, sirve y de mucho. Tal vez hoy te parezca un paso pequeño, pero cuando empieces, te darás cuenta de que existen muchas formas de acelerar este proceso, ya sea con lo que te sobre a final de mes, con la devolución de la renta o con una prima que cobres en el trabajo. Cuando empieces, encontrarás nuevas formas de contribuir a tu plan de ahorros. Sin embargo, si no empiezas, no dispondrás de una cuenta de ahorros en la que ingresar la devolución de la renta o la prima del trabajo, sino que irá a parar a tu cartera y la gastarás en cuanto puedas.

Tener ahorros no sirve únicamente para disponer de cierta cantidad de dinero en una cuenta bancaria, sino que te permite disfrutar de un estilo de vida y una satisfacción a nivel emocional incomparable.

Día 7

FIJA TUS OBJETIVOS DE AHORRO

No resulta muy satisfactorio hacer algo si no sabes por qué lo haces. Creo que esto es especialmente válido en lo que respecta a los ahorros: si empiezas a ahorrar sin más no es tan divertido o emocionante como cuando lo haces con un objetivo (o varios) en mente. Cuando visualizas ese objetivo de forma clara y sabes que cada aportación que hagas te acerca un paso más a él, la emoción y la entrega aumentan claramente.

Así pues, ¿qué objetivos puedes plantearte para empezar a ahorrar? Un buen método consiste en elaborar un plan de objetivos a corto plazo (menos de 2 años), medio plazo (2-5 años) y largo plazo (más de 5 años). Debes tener en cuenta todo lo que deseas o crees que podrías desear comprar en esos períodos de tiempo y que no se ajusta a las categorías de gastos habituales de un determinado mes o año. Ejemplos de ello pueden ser las vacaciones de verano, un teléfono nuevo, un coche nuevo (de segunda mano), tu boda, una chaqueta nueva, cambiar la cocina, un tratamiento de spa, la matrícula de universidad para tus hijos o una posible jubilación anticipada.

La clave para alcanzar las metas de ahorro no consiste en ganar mucho dinero para hacer cuantiosas aportaciones, sino que lo importante es dar pequeños pasos que te permitan ir alcanzando poco a poco tus objetivos, con tiempo y perseverancia. Algunas metas pueden ser más importantes, otras serán más urgentes y otras pueden ser metas muy lejanas para las que dispones mucho tiempo.

Cuando se trata de planificar las metas de ahorro, no sacrifiques los sueños a largo plazo por los más inmediatos. Un día te despertarás y descubrirás que el futuro está aquí y que no has podido ahorrar para dar la vuelta al mundo como querías hacer al jubilarte. Abre una cuenta de ahorros para tus sueños más lejanos. Comprométete a realizar contribuciones mensuales para cada objetivo. Encuentra formas de reducir los gastos y aumentar los ingresos para dar un buen empujón a tus ahorros.

No es necesario que hagas las mismas aportaciones para cada objetivo. Si decides ahorrar 50 $ al mes para las próximas vacaciones y 50 $ más para cambiar la lavadora, quizá también podrías ahorrar 5 $ para comprarte la casita de ensueño junto al lago cuando te jubiles. Es un pequeño paso y tal vez te parezca una cantidad insignificante, pero así habrás empezado y no te olvidarás del sueño que tienes. Además, todo lo que ahorres este mes podría duplicarse el próximo.

Escribe tus sueños y comienza a ahorrar para ellos.

1. Anota todas tus metas de ahorro o los sueños que te vengan a la mente.

2. Divide las metas en objetivos a corto plazo (menos de 2 años), a medio plazo (2 a 5 años) y a largo plazo (más de 5 años). Establece una jerarquía no en función de la fecha límite, sino de la importancia que le concedas a cada uno.

3. Calcula cuánto necesitas para cada objetivo, cuándo necesitarás el dinero y cuánto necesitas ahorrar mensualmente para cumplirlo en el plazo previsto. (Sé que estamos ignorando tanto el interés como la inflación, pero para empezar me parece bien recurrir a cálculos más simples).

4. Crea una cuenta de ahorros separada y gratuita para cada objetivo que tengas. También tienes la opción de crear depósitos o etiquetar el dinero en la cuenta de ahorros actual en función del objetivo. De esa manera, sabrás exactamente a qué meta se asigna cada dólar y lo cerca o lejos que estás de conseguir cada objetivo.

5. Decide el importe de la aportación para cada objetivo y transfiérelo a tu(s) cuenta(s) de ahorros. Utiliza el dinero que has ahorrado desde el día 4. Conviene que empieces ahora, aunque en estos momentos no puedas apartar el dinero necesario para cumplir con el objetivo a tiempo. El primer paso es siempre el decisivo. Una vez que lo hayas dado, encontrarás otras formas de contribuir y con el tiempo podrás hacer aportaciones más importantes.

Día 8

Antes de continuar, debemos refutar la creencia de que debes encontrar la fórmula mágica que dice que si tienes X años deberías haber ahorrado Y cantidad. Sería maravilloso que al cumplir los cincuenta ya tuvieras 1 000 000 $ en la cuenta, pero en la mayoría de los casos se trata de un escenario muy poco realista. Más importante y mucho más factible que la cantidad que ahorras es la tasa de ahorro: la proporción de dinero que ahorras en relación con tus ingresos.

Sé que resulta muy tentador recurrir a una excusa como «es que no gano suficiente» para no hacer del ahorro una prioridad, pero el auténtico poder del ahorro no reside en el importe total que logras ahorrar, sino en el porcentaje total en comparación con tus ingresos. Si estás ahorrando cantidades muy pequeñas y te resulta desalentador, plantéatelo de la siguiente manera: si cada mes apartas 1/10 de tus ingresos, al cabo de un año habrás logrado ahorrar el equivalente a 36,5 días y medio; es decir, podrías sobrevivir más de un mes sin ingresos. Si solo puedes ahorrar 1/20 de lo que ingresas, aún podrías salir adelante durante 18 días sin tener que trabajar, mientras que, si ahorrases 1/5 de tus ingresos, cada año apartarías una cantidad equivalente a 73 días.

Esa es una de las ventajas de dar más valor a la tasa de ahorro que a la cantidad concreta que puedes ahorrar. Como cada persona tiene distintos patrones de gasto, no es una meta realista aspirar a tener 1 000 000 $ en el banco si tus gastos y tu nivel de ingresos son demasiado bajos.

Aquí tienes otro ejemplo que te ayudará a entender la fuerza de la tasa de ahorro (TA):

★ Si ganas 1500 $ netos al mes y consigues una TA del 10 %, ahorrarás 150 $ al mes y podrás vivir con 1350 $.

★ Sin embargo, si logras una TA del 20 %, ahorrarás 300 $ al mes y vivirás con 1200 $.

Ahora imagina que después de tres años haciéndolo así, te quedas sin trabajo y pierdes todos los ingresos de golpe. Estos son los posibles escenarios a partir de los datos anteriores:

★ Con una TA del 10 %, al cabo de tres años (treinta y seis meses), habrías ahorrado 5400 $. Al haberte acostumbrado a vivir con 1350 $, este cojín te duraría cuatro meses (siempre que sea tu única fuente de ingresos y que tus gastos no hayan variado).

★ En el caso de la TA del 20 %, tus ahorros ascenderían a 10 800 $ al cabo de tres años. Como puedes sobrevivir con 1200 $ al mes, podrías mantenerte durante nueve meses.

Una TA del doble (del 20 % en lugar del 10 %) te duraría *más* del doble en caso de necesidad, ya que la TA funciona de dos maneras: no solo ahorras más, sino que gastas menos.

Sí, la imagen anterior no deja de ser muy simple, ya que tus ahorros no están formados únicamente por el dinero que ingresas en la cuenta de ahorros, sino también por las aportaciones que hagas a los ahorros a largo plazo, como la cuenta de jubilación o cualquier otra cuenta de inversión privada que puedas tener. Todas ellas contienen dinero que no has gastado porque lo estás reservando para el futuro, lo que significa que esas contribuciones se considerarían ahorros, aunque tal vez no puedas disponer de ellos en caso de que pierdas los ingresos.

Teniendo todo esto en mente, a partir de ahora no quiero que le des muchas vueltas a cuánto ganas y cuánto ahorras, sino que te centres en el porcentaje de tus ingresos que puedes ahorrar.

Día 8 **PLAN DE ACCIÓN**

Determina tu tasa de ahorro y toma medidas para alcanzarla.

1. Calcula tu TA de los últimos tres meses. Para ello necesitarás saber el total de ingresos mensuales y lo que has ahorrado cada mes. Esto incluye las aportaciones a tus ahorros, jubilación y cuentas de inversión, así como los pagos que hayas realizado para saldar tus deudas. Divide los ahorros por los ingresos totales, multiplica el número por 100 y añádele un signo de % para averiguar tu TA.

2. Como hemos visto en la segunda parte del libro, tus gastos y tus ahorros guardan una estrecha relación. Todo aquello que no gastes, puedes guardarlo y ponerlo a trabajar para el futuro. La guía del 50/20/30 nos dice que debemos aspirar a destinar el 20 % de los ingresos a ahorros, aunque también convendría que identificaras tu porcentaje de ahorro personalizado, tal y como afirmábamos el día 6. No hay mejor forma de pasar a la acción que dando pequeños pasos para conseguir nuestro objetivo cuanto antes.

3. Trata de aumentar tu TA un 1 % cada dos meses (o si es demasiado, un 1 % cada tres meses) hasta que alcances el objetivo de TA que te fijaste el día 6. Calcula a cuánto equivale en dólares, euros, libras o la moneda que utilices ese 1 %, y decide cómo vas a lograr ese objetivo cada 2-3 meses. ¿Qué cambios debes hacer ahora y a largo plazo para alcanzar ese objetivo? Utiliza las ideas del día 6 para ponerte en marcha.

Día 9

Ahora que tienes claro tu objetivo de TA gracias a la tarea anterior, debemos asegurarnos de que cumples con esta tasa cada mes programando una serie de transferencias automáticas para cada aportación de ahorro.

El desafío de los ahorros es que, tal y como ya has podido comprobar, a menudo los dejamos para final de mes, que es cuando sabes la cantidad de que dispones para contribuir al plan de ahorro. Lo que hacemos habitualmente es: primero gastamos a lo largo del mes y destinamos al ahorro lo que nos haya sobrado. Sin embargo, ese tipo de comportamiento significa que no consideramos que el ahorro sea una prioridad y, aunque dispongamos de un plan de gastos, siempre cabe la posibilidad de que surjan imprevistos que nos impidan cumplir con nuestros objetivos.

Mientras tengas el dinero en la cuenta bancaria o en la cartera, puede suponer todo un desafío no gastarlo, aunque hayas planeado lo contrario. Y, claro, si gastas el dinero en lugar de guardarlo en la cuenta de ahorro o para la jubilación, boicoteas tus propias metas y resoluciones.

Por lo tanto, conviene que te esfuerces en cumplir con los objetivos de ahorro mensuales que te hayas planteado e inviertas la secuencia habitual: primero ahorra y luego gasta lo que te quede. Al automatizar los pagos destinados al ahorro, que se extraerán de tu cuenta corriente al principio de cada mes, o en cuanto te hayan pagado, tu dinero quedará a buen recaudo y así no tendrás la tentación de gastarlo en algo que no estaba previsto. Se acabaron las tentaciones y las excusas en las que te escudabas para empezar a ahorrar el mes siguiente en lugar de ahora.

$\mathcal{D}$ía 9 PLAN DE ACCIÓN
Destina los ahorros de cada mes a cumplir con tus objetivos.

1. Toma la TA del próximo mes que calculaste el día 8 y decide de dónde va a salir ese dinero: ¿Cuánto destinarás a cada objetivo de ahorro?

   - Si tu TA para el próximo mes es del 12 % y tu sueldo neto es de 1800 $, tendrás que ahorrar 216 $. De esta cantidad, ¿cuánto ingresarás en la cuenta de ahorros (o cuentas, si tienes más de una), cuánto dedicarás a inversiones y cuánto al fondo de pensión?

2. Conéctate a la cuenta donde te ingresan la nómina y configura una transferencia automática para las distintas cuentas de ahorro. Prográmalas para que se realicen uno o dos días después de haber recibido la nómina porque de este modo lo harás al principio del ciclo de gastos. Es mejor que no elijas como fecha el día en que suelen pagarte. Si tu empresa se retrasara uno o dos días en hacer el ingreso, tu cuenta podría quedar con un descubierto.

3. Como ahora vas a aumentar tu TA un 1 % cada 2-3 meses, tal y como decidiste el día 8, no te olvides de ajustar estas transferencias cuando llegue el momento.

Día 10

¿Te gustaría disponer de un resumen rápido de tu situación financiera, una herramienta para comprobar el estado de tus finanzas o saber cómo evolucionas de un mes a otro?

Pues conocer tu valor neto es un sistema fantástico y relativamente sencillo de lograrlo.

Tu valor neto te muestra al instante el estado próspero o deteriorado de tus finanzas y si tu balance es positivo o no. También te ofrece una forma sencilla de establecer metas, de ver cómo mejora tu situación de un mes a otro y de tener una visión general de las diversas áreas que componen tu salud financiera.

Tu valor neto puede ser positivo o negativo y, hablando en plata, te dice cuál sería tu situación económica si vendieras todas tus posesiones y cancelaras todas tus deudas. Si tu valor neto es positivo, tienes más activos o propiedades que deudas, lo que significa que te quedaría dinero. Sin embargo, si tu valor neto es negativo, tienes más deudas que posesiones, lo que significa que no podrías saldar todas tus deudas, aunque vendieras todos tus bienes.

Si eres como la mayoría de gente que ha iniciado este viaje para mejorar su situación financiera, es más que probable que tengas un valor neto negativo. Y con ello no me refiero a un valor negativo de -2000 $, sino a decenas de miles de dólares, sobre todo si tienes una hipoteca o un préstamo estudiantil que apenas has empezado a devolver.

No te desanimes al ver la cifra; úsala como motivación para convertirla en una positiva. Cuando hayas calculado tu valor neto por primera vez, te resultará más fácil hacerlo habitualmente. No olvides que esta visión general es un método sencillo y útil para no desviarte de tu objetivo.

Día 10 PLAN DE ACCIÓN
Calcula tu valor neto.

1. Elabora una lista de todas tus propiedades más significativas: casa, cuentas de ahorros, inversiones y seguro de vida, además del valor aproximado de cada una. No es necesario que incluyas coches, joyas, antigüedades u obras de arte, a menos que tengan un valor muy elevado.

2. Ahora elabora una lista con las deudas más importantes: hipoteca, préstamos estudiantiles, préstamos para la compra de un vehículo y saldo de la tarjeta de crédito.

3. Resta el total de la deuda del valor total de tus posesiones para averiguar cuál es tu valor neto.

4. Anota tu valor neto actual con la fecha de hoy. Acostúmbrate a recalcular tu valor neto cada mes. Elige un objetivo específico para tu valor neto si te sirve de ayuda. Como se trata de un importe total genérico de los distintos componentes financieros, no especifica aquellas áreas en las que te gustaría centrarte (inversiones, cancelación de deuda, ahorros, etc.) para conseguir el objetivo, pero aun así puede ser útil tener una meta general que te permita formarte una opinión global de tu progreso financiero.

TUS DEUDAS

Después de trabajar en tu mentalidad, gastos y ahorros, ha llegado el momento de analizar las deudas. Si tienes una deuda considerable, tal vez creas que tu problema no tiene solución y prefieras ignorar por completo esta cuestión. O quizá hayas renunciado a la idea de saldar todas tus deudas y hayas acabado aceptando que los préstamos sin amortizar constituyen una parte integral de tu vida e, incluso, de nuestra sociedad.

Si es así, te aseguro que no eres un caso único. Sin embargo, en esta sección mi objetivo es que cambies de opinión.

Empecemos analizando por qué en la actualidad nos parece tan normal estar endeudados. A grandes rasgos, hay dos motivos por los que acumulamos deuda y gastamos dinero antes de tenerlo. En primer lugar, algunas de las compras que hacemos son tan caras (como una casa, por ejemplo), que resulta casi imposible ahorrar todo el dinero necesario para adquirirlas. O si quisieras reunir esa cantidad, tendrías que esperar a cumplir cincuenta o sesenta años para comprar tu primera casa.

El segundo motivo no es tan práctico y guarda más relación con la incapacidad para controlar el deseo: queremos tener el último móvil, un coche más grande, unas vacaciones más exóticas. Y lo queremos todo ahora, no mañana. Nos hemos acostumbrado de tal manera a querer más (en parte porque vemos que la gente que nos rodea tiene cosas que nosotros también deseamos, y en parte porque quizá creamos que merecemos poseer todo eso), que no reparamos en las implicaciones económicas de comprarlas para aplacar al instante nuestros deseos.

Si ello nos obliga a solicitar un préstamo o utilizar la tarjeta de crédito y dejar para más adelante la preocupación de cómo vamos a devolver esos préstamos (junto con los intereses y la angustia personal que puede provocarnos ese esfuerzo), que así sea. Así es la vida, ¿no?

Endeudarse y comprar algo antes de disponer del dinero para pagarlo se han convertido en el pan nuestro de cada día para mucha gente e, incluso, para la sociedad en general. Consideramos que tener deuda es una parte consustancial de nuestro estilo de vida. Sin embargo, el hecho de que los demás estén endeudados no implica que sea la mejor opción que seguir. Tener una deuda supone un coste, causa estrés, te ata a las entidades acreedoras y podría obligarte a seguir en un trabajo que no te gusta porque tienes que pagar a tus acreedores.

¿No sería mucho más sano, barato, satisfactorio y mucho menos estresante si pudieras ahorrar para esas compras antes de realizarlas? Piensa en lo bien que te sentirías al saber que tienes capacidad para planificar y ahorrar antes de comprar algo. ¡Eso sí que sería un gran logro! (Puedes excluir las inversiones a largo plazo en un activo, como la casa a la que me refería antes o la creación de una empresa, objetivos que pueden resultar demasiado costosos para pagarlos por adelantado).

A partir de hoy, quiero que te fijes una meta importante: saldar todas tus deudas. ¿Te parece un objetivo demasiado ambicioso? Recuerda que mientras tengas deudas, habrás de pagar intereses e intereses compuestos, algo que puede alargar y encarecer enormemente el ciclo de devolución de recuperación. Al cancelar tu deuda, dejarás de malgastar dinero en préstamos para cosas que tal vez hayas comprado hace varios meses o años. Cuando hayas saldado todas tus deudas, liberarás una parte importante de tu flujo de tesorería que te permitirá garantizar tu futuro financiero en lugar de tener que invertirlo en la liquidación de compras pasadas. Podrás vivir sin la angustia que genera la incertidumbre de cómo vas a pagar las facturas que se acumulan en una caja de zapatos bajo la cama.

Para finalizar, si alguna vez tienes que pedir un préstamo para una compra importante como una casa, no solo aumentarán las posibilidades de que reúnas los requisitos para que te lo concedan, sino que podrás aspirar a uno con mejores condiciones. Cuanta mayor responsabilidad demuestres con tu dinero (por ejemplo, limitando al máximo las deudas pendientes), mayor será la probabilidad de que puedas devolver la hipoteca y supondrás un riesgo menor para un banco, lo que significa que será más viable que te concedan la hipoteca y a un interés más bajo.

Día 11

ANALIZA TUS DEUDAS

La deuda puede tomar diversas formas: un préstamo de estudiante, una hipoteca, un préstamo para la compra de un vehículo, facturas médicas, liquidaciones de tarjetas de crédito o un préstamo personal de un amigo o un familiar.

Probablemente tienes una o dos deudas (o tres o cuatro) que de vez en cuando te provocan sudores fríos durante el día o la noche, al preguntarte cómo vas a saldarlas.

Pues eso es justamente lo que vamos a analizar en los próximos cuatro días. La única forma de cancelar las deudas de tu vida pasa por dejar de ignorarlas o de mostrar una actitud pasiva hacia ellas. Huir de todo esto, no abrir los informes del banco o intentar esconderlo todo debajo de la alfombra no hará que desaparezca esa deuda ni que dejes de pensar en ella. Lo único que conseguirás con este comportamiento es que en lugar de tener pensamientos productivos sobre tu deuda que te ayuden a planificar cómo puedes devolverla, reprimas esos pensamientos, lo que a su vez hace que sigan incubando y te generen un estrés y una gran angustia, ya que no sabes qué puedes hacer con ellos o qué medidas proactivas puedes tomar para hallar una solución.

Si alguna vez has pensado que era misión imposible llevar una vida sin deudas, más vale que te acostumbres a la idea de que ese será justamente nuestro objetivo a partir de ahora. Lejos quedarán los días en que enterrabas la cabeza en la arena como un avestruz e ignorabas tu deuda, la época en que no tenías un plan para cancelarla. Si queremos llegar hasta ahí, tenemos que empezar por tu situación actual, lo que nos permitirá averiguar a cuánto asciende tu deuda actual.

Debes analizar tu deuda de forma exhaustiva y no dejar nada fuera. Eso incluye cualquier cantidad que debas a los demás, por muy pequeña que sea o aunque se trate de un préstamo personal de un familiar.

Día 11 PLAN DE ACCIÓN
Calcula cuánto debes.

1. Recopila los extractos de todas las deudas que tengas. Encuentra hasta la última factura, conéctate a tu cuenta o ponte en contacto con la entidad a la que le debes dinero para que te envíe el saldo actualizado. Puede que tengas parte de esta información gracias a la documentación que reuniste el día 10 para calcular tu valor neto.

2. Elabora una lista de todas tus deudas, anota los saldos pendientes, los tipos de interés, la vida útil y los pagos mensuales mínimos.

3. Examina la lista. Deja fluir temporalmente todos los sentimientos y pensamientos, que pueden incluir el miedo por tus hábitos de gasto, las preocupaciones por cómo vas a cancelar la deuda, la angustia por el total que debes, el alivio por lo pequeña que es la cantidad, la emoción por el paso que has dado para eliminarlos de tu vida o cualquier otro pensamiento.

4. Eso es todo por hoy. El día 12 analizaremos cuál es el siguiente paso que debes dar, pero por ahora concédete un pequeño capricho porque sabes que has dado el primer gran paso para cancelar todas tus deudas.

Día 12

Ha llegado el momento de ponerse manos a la obra y de eliminar las deudas de tu vida. Si quieres lograrlo, tendrás que empezar haciendo dos cosas: no adquieras más deudas y prioriza al máximo la devolución de tu deuda actual.

Lo primero, no solicites más préstamos y no te endeudes más. Eso significa que no puedes seguir exprimiendo tu tarjeta de crédito si no te queda dinero en la cuenta bancaria para pagar todas las compras a final de mes. Si es necesario, puedes cortar las tarjetas de crédito o guardarlas en algún lugar escondido para no caer en la tentación.

Perseguir el objetivo de cancelar todas las deudas no implica que no puedas darte el gusto de cambiar de móvil o reformar la cocina; simplemente tendrás que ahorrar el dinero que necesites antes de gastarlo, lo que te obligará a planificarte mejor (y a tener paciencia). Si has completado la sección de los ahorros del libro, a estas alturas deberías haberte planteado distintas metas de ahorro y haber creado diversas cuentas a las que realizar aportaciones para los futuros gastos que has presupuestado. Así, cuando llegue el momento de realizar las compras, no tendrás que solicitar un préstamo, ya que dispondrás del dinero en la cuenta del banco, si tu planificación ha sido correcta.

Una vez que te has comprometido a no endeudarte más, tu gran prioridad debe ser la cancelación de la deuda actual. Si pagas tus deudas más rápido, ahorrarás una cantidad importante en interés compuesto (el interés que se repercute en el interés) y también reducirás tu nivel de estrés y el tiempo que debes dedicarle a la deuda en sí. A continuación, tienes un ejemplo que ilustra la diferencia que podría suponer la cancelación de tus deudas:

Si tuvieras un préstamo de 1000 $ con un tipo de interés mensual del 1,5 % y un plan de pago del 3 % mensual (lo que significa que cada mes tendrías que devolver el 3 % del saldo pendiente que debes), con una cuota mínima de 10 $, ¡acabarías pagando un total de 779 $ de intereses! Una cifra astronómica. Y no solo eso, sino que tardarías nueve años y diez meses en devolver el préstamo.

Imaginemos que pudieras pagar 25 $ adicionales cada mes además de la cuota mínima acordada con la entidad de tu tarjeta de crédito: eso significa que solo pagarías 221 $ de intereses, 550 $ menos. Además, debes tener en cuenta que con esos 25 $ adicionales solo tardarías 31 meses en devolver el préstamo (poco más de dos años y medio), en lugar de los 118 meses que habrías tardado con el pago mínimo.

Como puedes comprobar, este pequeño esfuerzo adicional vale la pena cuando se trata de cancelar deudas. Al elaborar tu plan de pago de deuda, puedes elegir entre dos estrategias: la técnica de la bola de nieve o de la avalancha.

En el caso de la **bola de nieve**, eliges la deuda más pequeña que tengas e intentas cancelarla cuanto antes. Mientras tanto, sigues realizando las aportaciones mínimas a cualquier otra deuda que puedas tener. Recuerda que no te conviene acumular ningún tipo de penalización por impago de estas deudas. Cuando hayas amortizado el primer préstamo, pasa al siguiente más pequeño y paga la cantidad mínima que ya pagabas más el dinero que se ha liberado con la cancelación del primer préstamo. Una de las principales ventajas de la técnica de la bola de nieve es que empiezas a ver resultados desde el primer momento. Cuanto más pequeña sea la deuda, más rápido podrás saldarla, lo que significa que tomarás impulso rápidamente.

En la **técnica de la avalancha**, empiezas pagando la deuda con el tipo de interés más elevado. Se trata, a fin de cuentas, de la que acumulará una mayor cantidad de intereses con el tiempo, por lo que si la cancelas en primer lugar, ahorrarás mucho dinero a largo plazo. Como sucede con la técnica de la bola de nieve, no te olvides de seguir realizando las aportaciones mínimas de los otros préstamos que hayas contraído mientras amortizas el que tiene un tipo de interés más elevado. Cuando lo hayas saldado, pasa al siguiente y utiliza el dinero que hayas liberado del primero para añadirlo a la cuota mensual del segundo.

Día 12 PLAN DE ACCIÓN
Bola de nieve o avalancha: a liquidar deudas.

1. Decide qué técnica vas a usar: la bola de nieve o la avalancha. Es una cuestión de gusto personal. Ambas opciones tienen sus pros y sus contras, de modo que elige la que más te convenga para los distintos tipos de deuda que tengas.

2. Consulta la lista de deudas que realizaste el día 11 e identifica la que quieres amortizar primero: la más pequeña si eliges la técnica de la bola de nieve, o la que tiene el tipo de interés más alto si te decantas por la opción de la avalancha.

3. Decide la cantidad de dinero adicional que puedes destinar cada mes para saldar la primera duda, sin olvidarte de las cuotas mínimas que ya estás pagando. Insisto, ¡no infravalores el poder de los números pequeños!

4. Programa una transferencia automática para pagar la cantidad adicional que vas a destinar para cancelar la primera deuda.

5. Actualiza el plan de gastos para que refleje el dinero extra que vas a destinar a la amortización de la primera deuda.

6. No te olvides de seguir cumpliendo con las cuotas mínimas de los demás préstamos. No dejes de pagar ninguna o tendrás que hacer frente a gastos adicionales e intereses de demora, lo que podría echar al traste todo el esfuerzo que has hecho para cancelar la otra deuda.

7. Cuando la hayas saldado, usa el dinero que destinabas a ese préstamo para devolver el siguiente. Sigue así hasta que hayas liquidado todos los créditos.

Día 13

ELABORA UN PLAN PARA LIQUIDAR TUS DEUDAS

Lamentablemente no hay nada más fácil que recaer en antiguos hábitos cuando desaparece el entusiasmo ante un nuevo proyecto o resolución, por mucho que tuvieras una fe y entrega absolutas al inicio.

La tarea de hoy consiste en evitar esas recaídas y lo harás elaborando un plan de apoyo a tu compromiso para liquidar todas tus deudas. Poner por escrito una idea, con unos hitos y metas muy claros y bien definidos, confiere a tu esfuerzo un viso de realidad mucho más intenso y aumenta exponencialmente las probabilidades de tener éxito. Ello te obliga a elaborar un plan con resultados prácticos, viables y motivadores que te permitan alcanzar tu objetivo global.

Estos son los elementos clave del plan:

★ La lista de deudas del día 11, dispuestas en el orden en que vas a devolver los distintos préstamos.

★ La cantidad de dinero adicional que vas a aportar al mes para saldar la primera deuda de la lista.

★ El tiempo que te llevará pagar la deuda. Usa una calculadora de internet para averiguar la cifra, ya que es probable que tenga

un interés compuesto, por lo que no se trata de realizar una
simple suma.

★ Una fecha aproximada en la que cancelarás cada deuda. Destaca
bien cada una, así tendrás un motivo de celebración cada vez
que cumplas un hito. Puedes añadir una botella de champán o un
emoji de fiesta al calendario electrónico, o ponte una nota escrita
con negrita y colores llamativos en la puerta de la nevera o como
salvapantallas. A medida que avances dispondrás de más dinero
para pagar cada deuda, ya que cada vez que liquides un préstamo,
podrás destinar la cuota mensual de este a amortizar el siguiente.
Con el tiempo irá aumentando la frecuencia de los pagos, pero
debido al interés compuesto y a otros acontecimientos inesperados
que pueden afectar a tu plan de gastos, no te obsesiones por
calcular minuciosamente la fecha final de todas las deudas.
Puedes actualizarlas a menudo, pero tener una fecha estimada de
finalización te proporciona un buen punto de partida.

★ La fecha en la que liquides el último préstamo será la fecha en que
dejes de tener deudas. Anótala con números aún más grandes en
tu calendario.

Día 13 PLAN DE ACCIÓN
Prepara el calendario para conseguir la libertad.

1. Usa la lista del día 11 que incluye todos los detalles de las diversas
   deudas y calcula el dinero adicional que puedes pagar cada mes;
   usa una calculadora de internet para averiguar cuándo liquidarás
   cada deuda. Anota las fechas en algún lugar fácil de consultar, ya
   que de este modo te servirán de recordatorio.

2. Crea un recordatorio en tu calendario digital para actualizar estas fechas cada tres meses e incorporar las pequeñas variaciones que puedan producirse (como un pago adicional del préstamo, el interés compuesto o un cambio del tipo de interés), de este modo siempre serán precisas.

3. Anota con números aún más grandes la fecha más importante de todas: el día en que liquidarás tu última deuda. Será uno de los logros más importantes de tu camino hacia la excelencia financiera.

Día 14

A medida que avances en el proceso de liquidar todas tus deudas, debes asegurarte de que no desandarás el camino recorrido cuando llegue la ansiada fecha, aunque sufras algún contratiempo.

Si alguna vez se te ha estropeado la lavadora, has tenido que llevar el coche al taller por una avería o han tenido que operar de urgencia a tu mascota, sabes que puede ser difícil no endeudarse cuando te enfrentas a acontecimientos inesperados. Estos gastos imprevistos pero apremiantes pueden dejar tu cuenta en números rojos y obligarte a echar mano de los ahorros o a endeudarte aún más, algo que no podemos permitir de ninguna de las maneras.

Aunque estos gastos son imprevisibles dada su propia naturaleza, tienes la opción de adoptar una estrategia general basada en prever lo imprevisible. La solución más fácil pasa por apartar una cantidad determinada para cubrir este tipo de emergencias. De este modo, a pesar de que no sepas qué tipo de emergencia puede producirse, al menos habrás actuado con previsión y podrás asumir el gasto.

El objetivo principal de un fondo de emergencia es hacer frente a los gastos inesperados que no pueden aplazarse. No se trata de un fondo destinado al ocio (para irte de viaje con tu mejor amigo o para comprarte un teléfono nuevo porque te apetece). Si quieres darte uno de estos caprichos, debes ahorrar a lo largo del tiempo; recuerda que la finalidad del fondo de emergencia no es otra que aquella para la que se creó: las emergencias.

Hay diversas formas de ahorrar, pero aquí tienes algunas ideas que tal vez te resulten útiles:

★ Usa el dinero que hayas ahorrado de los gastos diarios que redujiste el día 4.

★ Dale un empujón a tu fondo de emergencias haciendo limpieza en el trastero o desván y vende todo aquello que pueda tener salida en páginas como eBay, Craigslist o cualquier otra aplicación para vender objetos de segunda mano.

★ Puedes aumentar tus ingresos haciendo horas extra en el trabajo o buscando un segundo empleo que te permita ganar algo de dinero rápidamente (consulta el día 16).

Día 14 PLAN DE ACCIÓN
Prepárate para lo inesperado.

1. Asume el objetivo de crear un fondo de emergencia de 1000 $ (o el equivalente en tu moneda).

2. Mantén el fondo de emergencia en una cuenta de ahorro gratuita al margen de las demás para evitar la tentación de usarlo para lo que no debes.

3. Aprovecha las ideas que te he ofrecido anteriormente (o cualquier otra que se te ocurra) para hacer aportaciones a este fondo. Cuanto antes lo crees, mayor será tu tranquilidad, ya que sabrás que si te pasa algo dispones de una pequeña cantidad de dinero para cubrir los costes más inmediatos.

4. Si alguna vez tienes que disponer del dinero de emergencia (y es probable que así sea), no olvides que uno de los objetivos prioritarios es restituirlo en cuanto puedas.

TUS INGRESOS

La sección de ingresos que estás a punto de empezar es, en cierto sentido, la parte más emocionante de este plan financiero de 30 días. Te ofrece un análisis detallado de las distintas opciones de obtener ingresos, y puede ser apasionante pensar en posibles métodos para lograr ingresos adicionales cada mes.

Es habitual que la gente piense que sus ingresos son los que son y que, aparte de conseguir un aumento, no pueden hacer gran cosa para ganar más dinero. Sin embargo, se trata de una idea errónea que no tiene en cuenta tu influencia en el total de ingresos que puedes llegar a tener. Te convierte en un receptor pasivo de las decisiones financieras de tus superiores e ignora no solo tu capacidad de convertirte en un elemento indispensable para tu compañía y negociar un aumento de los ingresos, sino que, y esto es lo más importante, ignora tu potencial para crear una empresa que complemente el sueldo de tu trabajo gracias a los conocimientos que forman parte de tu esfera de poder.

No hay ningún motivo para creer que tus ingresos del futuro deben ser los mismos que los actuales y debes tener muy en cuenta que posees la capacidad para influir en ellos. En concreto, y este es el elemento más estimulante sobre los ingresos, puedes tener más de una fuente de ingresos, lo que significa que puedes ganar dinero por diversas vías. Sin embargo, eso no te obliga a tener dos trabajos, sino que puedes poner en marcha un segundo proyecto que complemente tu sueldo. Tener más de una fuente de ingresos es una hazaña emancipadora y estimulante.

Si logras tener diversas fuentes de ingresos podrás:

★ Tener una red de seguridad si pierdes el trabajo.

★ Tener un mayor control sobre tu nivel de ingresos.

★ Tener un mayor control sobre cuándo y dónde trabajas.

★ Ganar más dinero.

En resumen: si controlas tus fuentes de ingresos, controlas tu futuro. A fin de cuentas, no puedes saber qué te pasará en el trabajo. Puede ser que te despidan, que se produzca una reducción de personal, que te trasladen a otro departamento o que simplemente quieras dejarlo si has llegado a un punto en el que ya no disfrutas de ello. Si tomas el control de tus ingresos, puedes ponerte al mando de tu futuro y elegir cómo va a ser.

Una vez que empieces a analizar tus ingresos totales como algo que *tú* controlas, puede ser toda una aventura ver cómo aumentan mes a mes. Se trata de una solución muy potente para resolver tus preocupaciones financieras. Al final, tu capacidad para reducir gastos tiene un límite, pero en lo que respecta a los ingresos, no hay límite alguno.

Día 15

Si quieres tomar el control de tus ingresos, conviene que hagas un balance de tu situación actual y analices tu volumen de ingresos en cada una de las siete fuentes de ingresos.

«Espera, ¿qué? ¿Siete?». Pues sí, hay siete tipos de fuentes de ingresos, y los derivados de un trabajo solo son uno de ellos. A continuación, las analizaremos y creo que te interesará, aunque solo tengas una. Puede que alguna de estas opciones solo te aporte unos ingresos marginales, mientras que otras te parecerán inalcanzables por ahora. Pero de momento sigue leyendo, ya que tal vez te ofrezcan ideas para futuros proyectos.

1. **Ingresos obtenidos de un trabajo:** se trata del dinero que ganas trabajando para una empresa. Por lo general esta fuente de ingresos se basa en recibir una compensación por el tiempo que dedicas.

2. **Beneficios:** el dinero que ganas vendiendo productos o servicios como parte de una actividad de negocio a un precio más elevado que el coste. Esto podría ser cualquier cosa, desde un trabajo de diseño o fabricación de muebles, hasta ropa para mascotas de confección artesanal o joyería.

3. **Derechos de autor:** se trata del dinero que recibes por productos que has creado o de franquicias de tu marca. Pueden ser obras musicales,

libros, obras de arte que se usan como postales o papel de pared, o patrones de costura que se venden a empresas de telas, por decir solo algunas cosas.

4. **Ingresos por intereses:** se trata del dinero que recibes al prestar tu capital a otros, como un banco o el gobierno, mediante distintos tipos de inversiones. Entre estos ejemplos se incluye el interés de tus cuentas de ahorro o de los bonos.

5. **Ingresos de dividendos:** se trata del dinero que obtienes de tu cartera de inversiones si la empresa de la que eres accionista obtiene suficientes beneficios.

6. **Ganancia de capital:** el dinero que recibes como resultado de vender algo que habías adquirido a un precio inferior del que te han ofrecido por venderlo. En este caso solemos hablar de obras de arte, antigüedades y propiedades inmobiliarias.

7. **Ingresos por percepción de alquileres:** se trata del alquiler que recibes por arrendar tus activos. Aunque acostumbran a ser propiedades inmobiliarias, también puede trasladarse a activos más pequeños, como un vehículo o un cortacésped.

Día 15 PLAN DE ACCIÓN
Identifica tus fuentes de ingresos.

1. Elabora una lista de las distintas fuentes de ingresos y anota los ingresos de cada una. No te olvides de incluir las fuentes sin ingresos, ya que podrían ser opciones viables para el futuro.

2. Si tus ingresos varían cada mes, anota la media de los últimos seis meses.

3. Debes ser constante y anotar el importe bruto (antes de impuestos) o neto (después de liquidar impuestos).

4. Independientemente de la opción que elijas, averigua el tipo
    impositivo de cada fuente de ingresos y anótalo junto a la fuente.
    La mayoría de los países tiene distintos tipos impositivos para
    cada categoría, por lo que conviene averiguar cuál es cada uno. Es
    muy probable que la cantidad neta que obtengas por cada 100 $
    ganados en un trabajo sea distinta de la que consigas por 100 $
    procedentes de dividendos. Tal vez esto te ayude a decidir qué
    fuente de ingresos te conviene ampliar en el futuro.

Día 16

Aparte de las diversas ventajas que puede ofrecerte tener un trabajo fijo, como el hecho de tener una meta clara en la vida, ayudar a los demás, compartir tus conocimientos, una red social, un ingreso (¡muy importante!) y otros beneficios financieros, como disponer de un seguro de salud o un plan de jubilación privado, también tiene posibles inconvenientes, como la obligación de depender de los demás, las condiciones para lograr un aumento de sueldo, la finalización del contrato laboral, tus deberes y los proyectos que te asignan, así como las horas de trabajo que debes invertir.

Si dependes de una única fuente de ingresos, te sitúas en una posición vulnerable a los cambios del mercado, las políticas empresariales y, en último lugar, dejas que sean los demás los que determinen tus condiciones de trabajo y tus ganancias.

Soy una gran partidaria de añadir a tu fuente de ingresos habitual otra sobre la que tengas un mayor control. Una segunda fuente de ingresos no tiene por qué ser una empresa con todas las de la ley. Puedes gozar de toda la flexibilidad del mundo y quizá solo te obligue a dedicarle unas cuantas horas a la semana o al mes, cuando mejor te vaya. Y lo que es más importante, te conviertes en alguien más independiente desde un punto de vista financiero, lo que significa que, aunque pierdas el trabajo (o decidas dejarlo), te quedarán unas fuentes de ingresos alternativas que, llegado el momento, tal vez podrías intentar aumentar. Y cuanto más dinero ganes con ellas, menos dependerás de tu sueldo principal para sostenerte a ti y a tu familia.

Pero ¿por dónde empiezas? En este punto resultan especialmente útiles las siete fuentes de ingresos, ya que te permiten desglosar las siete opciones más fácilmente. Y como tu trabajo es, por supuesto, uno de los siete tipos de ingresos, también vamos a analizar las distintas formas de aumentar los ingresos.

Sin embargo, antes de analizar con mayor detenimiento las siete opciones, debes tener en cuenta que algunas de ellas son más apropiadas para crear otra fuente de ingresos para dentro de varios años o décadas, no a corto plazo. En concreto, los ingresos por dividendos, las ganancias de capital y los ingresos por percepción de alquileres de una propiedad requieren de una inversión previa y ofrecen una rentabilidad a largo plazo, desde el momento de inicio de la inversión hasta que puedes recuperar el dinero. No proporcionan beneficios al instante. Por lo tanto, te recomiendo encarecidamente que primero ahorres para el fondo de emergencia, que saldes tus deudas y que ahorres también para objetivos más inmediatos, y que valores otras formas de obtener una segunda fuente de ingresos que ofrezca rendimiento más a corto plazo (ya sea mediante beneficios o derechos de autor) antes de empezar a pensar en crear fuentes de ingresos a largo plazo.

1. **Ingresos obtenidos de un trabajo:** complementa los ingresos mensuales o aumenta la probabilidad de conseguir una prima buscando formas de hacerte indispensable, pide un ascenso o piensa en la posibilidad de buscar un trabajo mejor pagado.

2. **Beneficios:** pon en marcha una segunda fuente de ingresos vendiendo cosas que sepas hacer u ofreciendo tus servicios, como en una tienda de Etsy, da clases particulares u ofrece servicios especializados de informática.

3. **Derechos de autor:** escribe un libro, compón música o diseña objetos de papelería, papel pintado o software nuevo.

4. **Ingresos por intereses:** aumenta los ahorros, la inversión en bonos del estado o tus contribuciones de *crowdfunding*.

5. **Ingresos de dividendos:** compra (más) acciones para aumentar los ingresos por dividendos.

6. **Ganancia de capital:** invierte (más) en el mercado de valores, inmobiliario o en antigüedades para crear una cartera de inversiones más grande con el objetivo de vender más adelante o cuando los activos se hayan revalorizado.

7. **Ingresos por percepción de alquileres:** compra una propiedad para alquilarla o valora opciones a menor escala, como el alquiler de productos para bebés, maquinaria u otros objetos.

Cuando repases la lista, empieza por lo que más te gusta: ¿en qué momento te concentras tanto en algo que pierdes de vista el mundo que te rodea, te olvidas de preparar la cena… y solo puedes pensar en lo que tienes entre manos? Es probable que esa sea la opción que más te conviene. Haz algo al respecto. Explora la actividad que pueda resultar útil a los demás y conviértela en algo por lo que podrían pagarte dinero.

Día 16 PLAN DE ACCIÓN
Pon en marcha la segunda fuente de ingresos.

1. Lluvia de ideas: elabora una lista con todas las ideas que te vengan a la mente sobre una posible segunda fuente de ingresos. Escríbelas por mucho que te parezcan absurdas. Si no sabes qué poner, aquí tienes algunas opciones que pueden servirte de inspiración.

   • Busca un segundo trabajo: haz de canguro, cuida de la casa de otras personas, saca a pasear perros o da clases particulares.

- Busca ingresos adicionales: ofrece servicios o bienes a un público más amplio; crea un blog, un curso en línea o servicio de consultoría relacionado con tu especialidad profesional.

- Convierte una afición en una fuente de ingresos o de derechos de autor: escribe, dibuja, pinta o haz manualidades y véndelas en Etsy o en una galería de arte de tu ciudad, o busca un agente que te represente.

- Decide si quieres concentrarte en lograr un aumento de sueldo en el trabajo en lugar de buscar una segunda fuente de ingresos y piensa en cómo conseguirlo.

2. Ten en cuenta los costes iniciales, el tiempo del que dispones, el placer que te produciría el nuevo proyecto y la posibilidad real de ganar dinero. Llegados a este punto, debes elegir la opción con la que puedas comprometerte.

3. Anota los primeros pasos que debes dar para ponerte en marcha. A continuación, da el primer paso y señala en el calendario la fecha estimada en que completarás esta primera fase.

4. Cada vez que completes un paso, pasa a la siguiente tarea de la lista y añade otro paso al final de esta; de este modo siempre sabrás a dónde te diriges. Planifica cada semana con antelación suficiente para sacar adelante tu segunda fuente de ingresos.

Día 17

En los últimos dos días, hemos analizado tu fuente de ingresos habitual, así como las posibles fuentes de ingresos alternativas que deben complementar la principal. Ahora ha llegado el momento de que te fijes un objetivo sobre tus aspiraciones en cuanto al nivel de ingresos. A todos nos gustaría ganar más dinero, así que ¿por qué no adoptas una actitud proactiva y te pones manos a la obra? Quiero que te plantees un nuevo objetivo de ingresos, que sea ambicioso, que al principio te resulte intimidante, pero que a la vez sea apasionante. Plantéatelo de esta manera: si tú no te preocupas de dar prioridad al sueldo que te gustaría tener y de que te paguen por el valor que eres capaz de aportar (ya sea en tu trabajo habitual o en cualquier otro proyecto), nadie lo hará por ti. Acostúmbrate a admitir que no pasa nada por querer ganar la cantidad de dinero que tú quieres, no la que estás ganando en estos momentos, lo que te permitirá cuidar mejor de ti y de tus seres queridos.

En el plan de acción de hoy, quiero que te marques tu propio objetivo, ya sean 5000 $ al mes o el doble de lo que ganas ahora. Depende totalmente de ti. Si no sabes por dónde empezar, toma tus ingresos anuales actuales y añádeles un 25 %. Ese será tu punto de partida y el objetivo que debes alcanzar dentro de un año. Si te parece un cambio aterrador en comparación con lo que ganas ahora, ¡tienes razón! No quiero que te marques un objetivo pequeño que sabes que vas a lograr fácilmente. Si no te da miedo, pues añádele otro 25 % o un 50 % hasta que consideres que es una cifra que se aleja tanto de tu sueldo actual que no sabes ni por dónde empezar para hacerla realidad.

Si tu objetivo no es ganar más, sino tener más tiempo libre, puedes marcarte la meta de ganar lo mismo que ahora, *pero trabajando un 25 % menos de horas*. Es una opción del todo válida si es lo que te motiva.

El siguiente paso es decidir cómo vas a hacer realidad ese aumento. ¿Lo conseguirás únicamente gracias a la segunda fuente de ingresos? ¿Pedirás un aumento de sueldo? Debes elaborar un plan para decidir cómo vas a cumplir con el objetivo de ingresos en solo un año. Plantéate pequeños hitos (mensuales, por ejemplo), ya que de este modo podrás evaluar tu progreso y te será más fácil no desviarte del objetivo.

Ganar más dinero ha dejado de ser algo optativo. A partir de ahora vas a trabajar cada semana a brazo partido para cumplir con tu nuevo objetivo de ingresos. Es posible que tengas que intentar diferentes estrategias o adoptar más de una a la vez; quizá te veas en la obligación de hablar con tu jefe para pedirle un aumento, de buscar un nuevo empleo o de poner en marcha ese otro proyecto. Lo importante es dar el primer paso. ¡Tú puedes!

Día 17 PLAN DE ACCIÓN
Crea las condiciones para ganar mucho dinero.

1. Fija tu objetivo de ingresos para el siguiente año. Anota la cifra exacta, no vale con tener un porcentaje aproximado en la cabeza. Si no se trata de una cifra que dé miedo y en apariencia inalcanzable, eso significa que no es lo bastante ambiciosa.

2. Ahora anota al lado la fecha dentro de un año a partir de hoy.

3. Identifica de dónde vas a sacar exactamente este dinero. Ten en cuenta todos los detalles, calcula qué parte provendrá de tu trabajo actual y qué parte de tu segunda fuente de ingresos.

4. Cuando hayas identificado las diversas fuentes de tus ingresos totales, decide cómo vas a abordar cada una individualmente. ¿Qué tienes que hacer en cada ámbito para lograr tu objetivo?

5. Como ya habrás hecho con alguna de las otras tareas, introduce la información más importante en un lugar donde puedas verla a diario y actualiza cada mes el progreso conseguido en cada objetivo que te hayas marcado.

Día 18

Tu conocimiento, experiencia y habilidades te convierten en alguien único. Nadie posee el mismo conjunto de experiencia, aptitudes y sabiduría. Esa combinación única constituye tu capital personal y es tu mejor activo, el que te permitirá ganar dinero, ya sea en tu trabajo habitual o en el proyecto alternativo que decidas poner en marcha. Es lo que te hace una *persona distinta a las demás* cuando hablamos de aportar valor al mundo.

Si quieres conservar tu capital personal y atesorarlo como tu bien más preciado, tendrás que cuidarlo y nutrirlo con lo que necesita para crecer. Ello te obligará a invertir en él con regularidad para que pueda seguir creciendo, lo que te permitirá mantener la ventaja sobre los demás y aumentar tus conocimientos.

Tanto si decides alimentar tu capital personal con nueva información, habilidades o experiencia, no olvides que aprender puede ser muy divertido: estimula la mente y pensar en proyectos potenciales puede ser fascinante.

Nunca había sido tan fácil invertir en capital personal como ahora: tienes a tu disposición libros sobre todo tipo de temas, y las conferencias y cursos tradicionales (ya sean presenciales o por internet) te permiten profundizar y asimilar nuevos materiales para ampliar tu saber.

Sin embargo, el conocimiento no es lo único que importa. Piensa en estas sabias palabras, a menudo atribuidas (incorrectamente) a Einstein: «La única fuente de conocimiento es la experiencia. Sin esta, todo lo demás es información».

Tienes la posibilidad de adquirir experiencia de diversas maneras: probando algo por tu cuenta, trabajando con alguien que haya dominado cierta técnica o adentrándote en un campo que quede fuera de tu ámbito para trabajar como voluntario e interactuar con nuevas personas.

Te recomiendo vivamente que apartes un porcentaje de tus ingresos mensuales y lo inviertas en tu capital personal. Podría bastarte con tan solo 5 $ para comprar un libro sobre un tema concreto cada tres o cuatro meses, pero también puedes intentar ahorrar 50 $ para matricularte en un curso especializado que te interese. ¡Las posibilidades son infinitas!

Día 18 PLAN DE ACCIÓN
Empieza a invertir en tu capital personal.

1. Elabora una lista de las materias de las que te gustaría saber más, las que suponen un reto o aquellas que sencillamente te interesan y que están relacionadas con esa segunda fuente de ingresos que has decidido poner en marcha hace poco.

2. Para empezar, elige un proyecto y decide cuál sería la mejor forma de ponerlo en marcha. Los libros acostumbran a ser la opción más accesible y asequible para adentrarse en un tema nuevo, pero no descartes los cursos o las prácticas, o empieza con opciones gratuitas como blogs, podcasts o webinarios para adentrarte en el tema sin más compromiso.

3. Crea una lista de deseos que incluya libros, cursos y conferencias que puedas ir añadiendo para no quedarte sin ideas sobre cómo mantener tu capital personal en los primeros puestos de tu lista de prioridades.

4. Crea una categoría de capital personal en el plan de gastos y determina las aportaciones que vas a realizar mensualmente.

LA JUBILACIÓN

Cuando piensas en la jubilación ¿fantaseas con adoptar una nueva afición? ¿Con pasar más tiempo con tus hijos o nietos? ¿Con visitar a amigos del pasado con los que habías perdido el contacto? ¿Con viajar a lugares que nunca has visitado?

¿O te preocupa tener unos ingresos tan bajos que te parece imposible hacer realidad esos sueños cuando por fin tengas tiempo para disfrutar de ellos? ¿O crees que tendrás que seguir trabajando hasta que ya no puedas más porque no dispondrás del dinero necesario para mantenerte?

Si consideras que la posibilidad de disfrutar de una cómoda jubilación queda fuera de tu alcance, ha llegado el momento de empezar a hacer aportaciones para que puedas disfrutar de una jubilación segura y entretenida.

Si aún faltan varias décadas para que te jubiles, es posible que te preguntes por qué tienes que preocuparte ahora por un tema como ese y si no pude esperar algunos años. Tal vez tengas la suerte de vivir en un país en el que el estado te pague una pensión, lo que no hará sino aumentar tus dudas sobre la necesidad de todo esto.

Sin embargo, me gustaría que tuvieras en cuenta estos dos motivos para no postergar la planificación de tu jubilación:

En primer lugar, cuanto antes empieces a invertir en la jubilación, más rápido crecerá tu inversión a largo plazo, ya que acumularás un mayor interés compuesto que generará más y más réditos con el paso del tiempo. Una inversión de mil dólares anuales a un plazo de treinta años con un interés del 6 % puede convertirse en unos 84 000 dólares. Pero si empezaras veinte años más tarde e invirtieras el triple (3000 $ en lugar de 1000 $), en solo un tercio del tiempo (diez años en lugar de treinta), solo conseguirías 42 000 $. La auténtica magia del interés compuesto es el tiempo, no la cantidad de dinero que inviertes, por lo que cuanto antes empieces, mejor.

En segundo lugar, está el tema del cambio de la población: cada generación vive más tiempo que la anterior, pero tenemos menos hijos que puedan asumir la carga de nuestras pensiones. Por lo tanto, el sistema de la seguridad social tendrá que realizar cambios de gran calado, aumentar la edad mínima de jubilación y bajar la media de las pensiones.

Si prefieres elegir las condiciones de tu jubilación en lugar de esperar a ver qué pasa y averiguar qué sueños podrás cumplir y cuáles no, te conviene tomar las riendas de tu jubilación cuanto antes.

Día 19

¿Qué información tienes sobre tu plan de jubilación actual? ¿Eres consciente de lo que has ahorrado y de lo que es probable que acabes cobrando cuando te jubiles? Si no sabes si has tomado el camino correcto para cumplir con tus objetivos de jubilación, si aún no te has marcado los objetivos o si no has realizado ninguna aportación, ¡vamos a solucionarlo hoy mismo y pondremos en marcha tu plan para la jubilación!

Por lo general, hay tres formatos para planificar la jubilación:

★ **Seguridad Social o pensión estatal:** proporcionada por el gobierno, acostumbra a calcularse a partir de los años cotizados. Si vives en un país donde existe este tipo de fondo de pensión, tu empresa se encargará de realizar las aportaciones necesarias durante tu vida laboral para financiar este plan de jubilación.

★ **Plan de jubilación de empresa:** a cargo de tu empresa, este tipo de fondo de pensión (que en Estados Unidos se conoce con el nombre de 401(k)) suele ser voluntario, por lo que tienes la opción de realizar aportaciones o no. En algunos casos, tu empresa puede igualar tus aportaciones, lo que significa que añadirá capital a este fondo en función de la cantidad que hayas decidido aportar.

★ **Plan de pensión individual:** se trata de un producto que suelen ofrecer bancos, aseguradoras y otras empresas de inversión. Eres el único responsable de realizar aportaciones a este tipo de fondo de pensión. Al haber diferentes empresas que ofrecen estos planes de pensiones, puedes elegir el que te parezca más adecuado para tu situación.

En función del lugar donde vivas y de tu trabajo tendrás acceso a todas las opciones anteriores o solo a algunas.

Día 19 PLAN DE ACCIÓN
Calcula los ingresos que tendrás cuando te jubiles.

1. Averigua las opciones que te ofrece la seguridad social de tu país o tu estado. ¿Qué pensión mensual puedes aspirar a cobrar, cuáles son las condiciones (mínimo de años cotizados) y cuál es la edad mínima de jubilación actual y la prevista para cuando te llegue el momento?

2. Comprueba si dispones de alguna opción de plan de pensión adicional gracias a tu empresa. Si ya has empezado a realizar aportaciones, consulta a cuánto ascienden y cuál será el total que recibirás cuando te jubiles. Averigua si tu empresa puede igualar tus aportaciones y cuáles son los requisitos para ello.

3. Si tienes un plan de jubilación privado, averigua a cuánto ascienden las aportaciones que has realizado hasta ahora, consulta las posibles obligaciones fiscales y las condiciones concretas del plan de jubilación. La entidad con la que hayas contratado el plan debería poder ofrecerte una estimación de la cantidad que recibirás cuando te jubiles en función de las aportaciones que has realizado hasta la fecha.

4. Ahora calcula el importe total que recibirás cuando te llegue la edad de jubilación a partir de los diferentes fondos a los que tengas acceso. ¿Es más o menos de lo que crees que necesitarás?

Día 20

Retomemos el experimento que analizamos en la introducción de esta parte y tómate un momento para pensar en tu jubilación. Imagínatela, venga. Cierra los ojos y piensa en lo que te gustaría hacer cuando te llegue la edad de jubilarte. ¿Hay algo que siempre has querido hacer en la vida, pero no has podido? Tómate tiempo para pensar en cómo sería tu jubilación soñada.

Cuando te hayas formado una idea clara, pon por escrito todos tus pensamientos. Tal vez haya una idea que destaque por encima de las demás, tal vez tengas tres proyectos a los que te gustaría dedicarles tiempo, o quizá haya muchos más, pero de menor envergadura. Ponlos por escrito.

Ahora intenta calcular el coste de tu estilo de vida cuando te jubiles. ¿Cuánto dinero necesitas para cada proyecto? Y, claro, no te olvides de los gastos habituales, como alimentación y suministros básicos. Al mismo tiempo, es probable que puedas reducir ciertos costes cuando te jubiles, como los pagos de la hipoteca, otros gastos relacionados con el trabajo y las aportaciones que realizas actualmente a los fondos de pensión.

Teniendo en cuenta todos los gastos, calcula cuánto necesitarás cada mes para poder llevar ese estilo de vida. ¿Es mucho más que tus gastos mensuales actuales? ¿Mucho menos? ¿Una cifra parecida?

Según la jubilación que hayas imaginado y el fondo de pensión de que dispongas (como vimos en el capítulo 19), puede ser que llegues a la conclusión de que tu jubilación ideal es mucho más cara de lo que creías. En tal caso, tendrás que reevaluar tus prioridades, reducir tus aspiraciones y ser algo más realista.

No obstante, no quiero que descartes todos tus sueños, ya que siempre es emocionante soñar e intentar hacer realidad tus planes. De modo que no renuncies a todas tus aspiraciones y empieza a planificar cómo piensas hacerlas realidad.

Antes de continuar, me gustaría añadir una pequeña nota sobre la inflación, ya que es probable que tenga un gran impacto en la planificación de tu jubilación, sobre todo si aún faltan varias décadas para que llegue ese momento. Para ir sobre seguro, deberías calcular un 3 % de inflación anual y añadirlo a tus necesidades anuales, lo que significa que si crees que puedes vivir con 18 000 $ al año, deberías añadir 540 $ adicionales al año siguiente para compensar la pérdida del valor del dinero. ¡En un período de 25 años, esos 18 000 $ se convertirán en casi $(1,03)^{25}$ x 18 000 $ = 37 700 $! Habla con la entidad encargada de gestionar tu pensión y averigua si sus cálculos tienen en cuenta la inflación o no.

Día 20 PLAN DE ACCIÓN
Debes conocer los pasos que has dado hoy para financiar tu jubilación soñada de mañana.

1. Calcula el dinero que necesitarás cada mes para permitirte tu jubilación soñada.

2. Gracias a la tarea del día 19, deberías tener una idea aproximada de lo que puedes ganar cuando te retires gracias a tus ahorros actuales y las aportaciones que hagas a tu plan de pensión. ¿Te encuentras muy lejos de tu objetivo de ingresos mensuales para la jubilación?

3. ¿Cuánto tendrías que apartar cada mes a partir de ahora para reducir la diferencia y lograr tu objetivo de ingresos? Usa una de las muchas calculadoras que pueden encontrarse en internet o consulta con la entidad con la que has contratado tu plan de pensiones para averiguarlo.

Día 21

AUMENTA LAS APORTACIONES Y ALCANZA TU OBJETIVO DE JUBILACIÓN

Gracias al trabajo que has hecho durante estos dos días, deberías haberte formado una idea bastante clara de cómo te gustaría que fuera tu jubilación, y de cómo será teniendo en cuenta las medidas que has tomado hasta ahora. En la tarea de hoy vamos a usar esa información para planificar de forma activa tu jubilación e intentar reducir la diferencia entre lo que te gustaría que fuera y lo que probablemente será.

Para ello tendrás que sacar todo el partido a las diversas opciones de que dispones. Si tienes derecho a cobrar una pensión del estado, poco control tendrás sobre las condiciones y las aportaciones que realizas. Sin embargo, lo que sí puedes hacer es asegurarte de que no dejas escapar este dinero. La mayoría de los países que tienen un buen servicio de seguridad social utilizan el criterio de un mínimo de años trabajados para disfrutar del máximo de prestaciones. Vale la pena tenerlo en cuenta, por ejemplo, si estás pensando en dejar tu trabajo y pasar a ocuparte exclusivamente de la casa.

En segundo lugar, si tu empresa te ha ofrecido un plan de pensiones, gracias a la tarea del día 19 sabrás si también iguala tus aportaciones y en qué condiciones lo hace. Tu empresa, por ejemplo, puede igualar hasta un 4 %, lo que significa que de todas las aportaciones que hagas a tu fondo de pensiones, la empresa realizará una aportación hasta un máximo del 4 % de tu sueldo. Si tu sueldo anual es de 40 000 $ y aportas un 4 % (1600 $) al plan de pensiones, tu empresa aportará la misma cantidad. Si has pagado más, la aportación de la empresa no superará los 1600 $; y si has pagado solo 1200 $, tu empresa, claro, ofrecerá solo esa cantidad. Este tipo de beneficios que ofrecen las empresas es dinero gratis que tienes a tu disposición, y aunque ahora no puedas sacarle partido, probablemente deberías darle prioridad y aumentar las aportaciones.

Si ya estás aprovechando al máximo las aportaciones de tu empresa al plan de pensiones, o no te ha ofrecido uno, deberías valorar la posibilidad de contratar una cuenta de ahorro para la jubilación con una aseguradora o una entidad bancaria. Este producto financiero te obliga a tomar una serie de decisiones sobre el tipo de fondo en el que quieres invertir, pero también significa que poseerás un mayor control sobre tu jubilación y que puedes elegir el plan que se ajuste mejor a tu perfil.

Cuando tengas tu plan de pensión privado, o de la empresa, tendrás que averiguar cómo realizar aportaciones. De momento puedes empezar con las aportaciones mínimas exigidas, pero ten en cuenta que el objetivo es que las aumentes cada año. Además, a medida que dispongas de más dinero, cuando logres cancelar totalmente un préstamo u obtengas un aumento de sueldo, intenta invertir al menos el 50 % de esa cantidad en el fondo de pensiones.

Día 21 PLAN DE ACCIÓN
Aumenta los ingresos para la jubilación.

1. Decide cuál es tu nivel de aportación realista a la cuenta del plan de jubilación. Que no cunda el desánimo si te parece una cantidad menor porque, como hemos dicho anteriormente, las aportaciones pequeñas pueden suponer una gran diferencia a largo plazo y te permiten acostumbrarte a aumentar el importe de estas en cuanto se presenta la oportunidad. Ajusta el plan de gastos para que refleje este pago.

2. Si aún no lo haces y tu empresa te ofrece un plan de pensiones, programa una transferencia para realizar aportaciones automáticas e intenta aprovechar al máximo las posibles aportaciones de tu empresa.

3. Si tu empresa no te ofrece la posibilidad de crear un plan de pensiones, si no quiere igualar tus aportaciones o si ya lo hace y ha alcanzado el límite, investiga las condiciones de los planes de pensiones privados, compáralas, abre una cuenta que se ajuste a tus necesidades y programa transferencias para realizar aportaciones automáticamente.

4. Señala una fecha en el calendario para revisar tus aportaciones al fondo de pensiones y, si puedes, auméntalas. Para empezar, intenta subir el importe de las aportaciones 10 $ cada tres meses (o más si puedes).

5. Consulta el estado del fondo con regularidad y calcula el avance que has logrado para hacer realidad tus sueños de jubilación. Realiza las modificaciones necesarias para acercarte más a ese sueño.

Día 22

INVIERTE EN TU PROPIA CARTERA

La gran ventaja de invertir en tus cuentas del plan de jubilación (a diferencia, por ejemplo, de invertir en una cartera de inversiones) no consiste solo en que estás invirtiendo en tu futuro financiero, sino que además se trata de un producto con beneficios fiscales. Esto se produce de dos maneras:

★ **Disfrutas de un beneficio fiscal cuando pagas:** las aportaciones se deducen de tu sueldo bruto, es decir, antes de pagar el impuesto sobre la renta, lo que redunda en una mayor aportación, algo habitual en los planes de jubilación que ofrecen las empresas.

★ **Disfrutas de un beneficio fiscal cuando retiras el dinero:** el dinero que retires de la cuenta cuando te jubiles estará exento de impuestos. Esto significa que te quedas todo el dinero en lugar de pagar impuestos a la renta; algo habitual en las cuentas de ahorro para la jubilación.

Así, aunque los fondos de pensión pueden ser una opción muy interesante para invertir en un futuro más seguro, también están sometidos a ciertas limitaciones: las aportaciones que realizas suelen invertirse en el mercado de valores para que generen réditos con el paso del tiempo, pero en la mayoría de los casos no puedes decidir cómo se invierte este dinero. Esto significa que existe la posibilidad de que no obtengas el mejor rendimiento posible de tu inversión, lo que te impide rentabilizarla al máximo.

Además, no podrás gastar cuando quieras el dinero que aportes ahora: por lo general no tendrás acceso a estos ahorros hasta que alcances la edad de jubilación y, a menos que quieras asumir una cuantiosa penalización, estos planes contemplan pocas excepciones, únicamente situaciones graves, relacionadas con temas de salud.

Una tercera limitación de los planes de jubilación de las empresas y los privados es que suelen tener un límite anual de aportaciones. Y si bien acostumbran a ser bastante altos, cuando lo alcances tendrás que buscar una alternativa para invertir más dinero.

Una buena opción es invertir el dinero en una cartera de inversiones privada. Es una opción atractiva para añadir una fuente de ingresos adicional (a largo plazo) gracias a los posibles dividendos y a los intereses de tus ingresos. Sin embargo, lo más importante es que te permite acumular activos para el futuro que pueden generar una serie de plusvalías que complementen tu fondo de pensiones.

Es probable que la opción de invertir te imponga, pero si te informas bien no tiene por qué ser así. Y aunque es una cuestión que trasciende con creces el tema de un libro como este, puedo ofrecerte una visión somera de lo que implica invertir. Simplificándolo mucho, puedes invertir en acciones (pequeñas participaciones de una empresa) o bonos (préstamos que solicitan las empresas y que devuelven al cabo de un tiempo).

La forma más sencilla y barata de invertir, así como la que implica un menor riesgo, es invertir en fondos indexados, lo que significa que sigues un índice concreto (una serie de empresas que cotizan en el mercado, como el S&P 500, el Dow Jones o el Nasdaq) e inviertes en un amplio abanico de las empresas de mayor éxito. Con esta estrategia de inversión no tienes que elegir cuánto inviertes en cada compañía en concreto, sino que es el fondo el que elige por ti en función de las empresas que conforman el índice y su tamaño relativo en este.

También puedes elegir una acción determinada o el grupo de empresas en el que te gustaría invertir. Asimismo, existe una tercera opción, que consiste en invertir en un fondo de inversión colectiva dirigido por un gestor de fondos. Estas dos últimas opciones suelen ser más caras debido a las comisiones adicionales y además se trata de carteras más arriesgadas y volátiles (lo que significa que los precios pueden subir y bajar mucho y más rápido, por lo que puedes obtener grandes rendimientos y grandes pérdidas), ya que su éxito consiste en intentar predecir la evolución del mercado, algo que, como ya han demostrado un gran número de estudios y expertos, resulta imposible. Los fondos indexados son unos productos más conservadores y a menudo requieren aportaciones mínimas muy bajas, de entre 50 y 100 $ mensuales.

A pesar de que el hecho de invertir en tu propia cartera no ofrece las mismas ventajas fiscales que los fondos de pensiones, disfrutas de una flexibilidad adicional cuando tienes que decidir en qué inviertes y, sobre todo, cuando te hallas en la necesidad de retirar dinero del fondo, ya que no te ves en la obligación de esperar a alcanzar la edad de jubilación. Conviene que valores este tipo de inversión como una forma de crear una pequeña cartera de activos que podrás convertir en efectivo, cuando hayas avanzado lo suficiente en materia de ahorros, plan de pensiones y liquidación de deudas.

No obstante, ten en cuenta que este tipo de inversiones conllevan un riesgo y que los mercados pueden subir y desplomarse en cuestión de semanas o días. No pongas todos los ahorros en una cuenta de inversión; distribuye el riesgo e intenta aprender los conceptos básicos antes de ponerte manos a la obra.

Día 22 PLAN DE ACCIÓN
Crea o aumenta tus inversiones.

1. Recuerda que toda inversión conlleva un riesgo. Documéntate bien e intenta aprender todo lo que puedas sobre el mundo de las inversiones antes de dar el gran salto. En internet encontrarás un sinfín de libros, artículos y tutoriales que pueden resultarte de gran utilidad. También puedes consultar la sección paso a paso de mi libro *100 Steps to Financial Independence*.

2. Analiza el plan de gastos y decide si tienes la capacidad de invertir una pequeña cantidad cada mes. Valora si puedes liberar alguna cantidad de otra partida o si te conviene cumplir a rajatabla con las metas financieras que te habías planteado en primer lugar, como liquidar deudas o crear un fondo de emergencia, antes de invertir en otros productos. Recuerda que la inversión es un proyecto a largo plazo, por lo que te recomiendo que antes de empezar a invertir crees un buen colchón económico. No te preocupes si crees que aún no has llegado a este punto; puede que te lleve un año o dos, no pasa nada.

3. Si tienes ganas de empezar a invertir, investiga las diversas opciones que tienes a tu disposición, lee reseñas de distintas compañías de inversión, asegúrate de que conoces todos los costes y pagos mínimos y abre una cuenta. Programa una aportación mensual automática y actualiza el plan de gastos. Asegúrate de que reinviertes todos los dividendos o intereses directamente para sacar el máximo partido del interés compuesto.

GESTIÓN DEL RIESGO

Cuanto mayor sea tu seguridad financiera, más importante es reducir el riesgo de perder dinero o de sufrir graves reveses económicos. Cuanto más dinero tengas, más puedes perder. De poco sirve dedicar un gran esfuerzo a forjar tu estabilidad financiera si puedes perderlo todo en un abrir y cerrar de ojos.

¿Crees que es poco probable que ocurra? ¿Y si se produce un incendio que destruye tu casa y todas tus pertenencias? ¿Y si te quedas sin trabajo y no puedes hacer frente a los pagos de la hipoteca? ¿Y si tu pareja contrae una grave enfermedad o alguien sufre un accidente y te destroza el coche, el jardín de casa y te provoca daños por varios miles de dólares?

Por desgracia podría seguir ampliando la lista de posibles accidentes y escenarios que pueden detener varios años tu progreso para conseguir la estabilidad financiera. No permitas que eso te ocurra. Cualquiera de las situaciones anteriores tendría importantes consecuencias emocionales. Ni que decir tiene que en esas circunstancias lo último que te conviene es tener que preocuparte por las consecuencias económicas.

Por suerte, puedes adoptar medidas concretas que te permitan cubrir la mayoría de los riesgos con una red de seguridad para proteger tu dinero y a tu familia de la ruina financiera. Gracias a la combinación de las cinco pólizas de seguro básicas, si elaboras o modificas tu testamento y creas un cojín para afrontar entre 3 y 6 meses de gastos, puedes minimizar el riesgo que plantean la mayoría de estas situaciones, lo que reduciría las consecuencias de estos contratiempos.

En esta sección de *Consigue la excelencia financiera en 30 días*, el objetivo es ampliar tu visión sobre el tema y que pienses en las situaciones económicas de los demás compartiendo tiempo, conocimientos o recursos financieros con ellos.

Día 23

Si bien la gestión del riesgo y los seguros constituyen una parte importante de la planificación financiera, son un aspecto que mucha gente acostumbra a pasar por alto. Son muchos los que consideran que las pólizas de seguros son aburridas, complejas o innecesarias, pero varios años de cuidadosa planificación financiera pueden irse al garete si cometes un error que te lleve a la ruina a ti y a tu familia. Por eso hoy quiero que evalúes tus pólizas de seguros y compruebes que cuentas con toda la protección necesaria.

Una póliza de seguro es, en pocas palabras, una protección financiera que contratas para evitar los riesgos de una posible pérdida. Sin embargo, no siempre es fácil elegir qué tipo de seguro necesitas y cuál no, ni asegurarte de que los que has contratado están actualizados y te ofrecen la protección necesaria en la situación actual. A continuación, encontrarás los cinco tipos de seguros más habituales que necesita la gente:

1. **Una póliza de seguro de vida** protege a los que dependen económicamente de ti y que podrían correr un grave riesgo económico en caso de que fallecieras. Pueden ser tus hijos, tu pareja o un miembro de la familia que necesita tratamiento continuo. Se trata de una opción especialmente relevante si has contraído una deuda notable con alguien, como una hipoteca o un préstamo para una empresa.

2. **Una póliza de seguro de salud** cubre las facturas de los gastos sanitarios para garantizar que tu familia y tú tengáis acceso a atención médica, sin tener que hacer frente a excesivas facturas.

3. **Una póliza de seguro de incapacidad** te proporciona una compensación económica en caso de que padezcas una incapacidad que te impida seguir trabajando. Cubre un porcentaje determinado de tu sueldo, en torno al 60 o 70 %, hasta que puedas reincorporarte a tu empleo o durante la vigencia de la póliza.

4. **Una póliza de seguro del hogar** te protege de los robos o daños que pueda sufrir tu propiedad, por lo que, si te ocurriera algo, recibirías una compensación económica para reemplazar o reparar lo que has perdido.

5. **El seguro del vehículo** acostumbra a cubrir los gastos médicos y de reparación o sustitución si sufres un accidente, para ti y tus acompañantes y, en algunos casos y países, también cubre a terceros.

En cuestión de seguros hay todo tipo de formatos y coberturas; puedes contratar un seguro básico que cubra tan solo una pequeña parte de los daños sufridos en unas circunstancias muy concretas, o puedes decantarte por una póliza más completa que te proteja en prácticamente cualquier situación. Por supuesto, cuanto mayor sea la cobertura, mayor será el coste.

Aparte de estos cinco tipos de pólizas, hay muchas otras, desde seguros de viaje a dentales o de mascotas. Conviene que valores la posibilidad de contratar algunas, aunque otras no te resultarán tan útiles, pero eso depende de tu situación y estilo de vida. Por el momento, basta con que te asegures de que dispones de las cinco básicas.

Evalúa y ajusta la cobertura de tus seguros.

1. Analiza con criterios lógicos cuál de las cinco pólizas mencionadas anteriormente necesitas. Obviamente, si consideras que precisas alguna otra póliza dada tu situación concreta, añádela a la lista.

2. Consulta las condiciones de las pólizas que tengas contratadas actualmente.

3. Asegúrate de que cuentas con un seguro que cubra las necesidades que consideras más importantes y valora la posibilidad de cancelar todo aquel que ya no se adapte a tu situación. Confirma que tus pólizas están actualizadas y decide si necesitas ampliar o reducir las coberturas. Algunas de las situaciones más habituales que pueden llevarte a valorar la posibilidad de actualizar tus seguros son tener hijos, comprar una casa, un vehículo nuevo y heredar o adquirir algún bien de valor elevado.

4. Solicita presupuestos a diversas aseguradoras para comparar condiciones y precios.

5. Ponte en contacto con tu compañía aseguradora para realizar los cambios que consideres necesarios.

6. Ajusta el plan de gastos para que refleje todas las modificaciones que hayas introducido en los pagos de las pólizas.

7. Revisa las pólizas una vez al año para tenerlas siempre actualizadas. Crea un recordatorio en el calendario para no olvidarte.

Día 24

Ahora que has llegado hasta aquí en tu organización financiera y que has empezado a tomar las riendas de tus necesidades a corto y largo plazo, debes asegurarte de que tus asuntos de dinero están bien gestionados más allá de ese horizonte. Y eso incluye realizar la planificación para cuando faltes. Sé que no es un pensamiento muy reconfortante, pero el hecho de no tener que preocuparte por tus bienes y saber que tu familia, en pleno luto, no tendrá que pensar en cómo te habría gustado distribuir tus bienes puede suponer un gran alivio. Se trata, en resumen, de algo que nunca deberías subestimar o dejar para más adelante.

Siempre habrá quien considere que no es un trámite muy atractivo, ya que a nadie le gusta pensar en los preparativos para cuando ya no esté. Es normal y comprensible que te falte motivación o te invada el pesimismo y que no quieras ponerte con ello ahora. Acepta tus sentimientos y valóralos como tal, pero no los uses como excusa para no hacer nada. Francamente, nunca será un asunto que te haga rebosar de alegría y emoción, así que de nada sirve autoengañarte y decirte que lo harás más adelante, cuando te apetezca más. Hazlo hoy y así te lo quitarás de encima.

Ten en cuenta que todos los pasos que puedas dar en este sentido pueden suponer un gran alivio para tus seres queridos en un momento tan difícil como el duelo, ya que no tendrán que preocuparse por saber cuáles eran tus bienes (o no podrán pelearse por ellos, algo bastante habitual). A continuación, tómate un momento para dar las gracias por poder seguir disfrutando de la vida y piensa que este tema no adquirirá importancia, esperemos, hasta dentro de muchos años.

Lo primero es hacer testamento: un documento notarial que recoge cómo te gustaría repartir tus posesiones cuando fallezcas. No olvides que algunos países o estados exigen que la firma del testamento se realice ante notario o un abogado para que tenga validez legal, lo que significa que tendrás que apartar una cantidad de dinero para realizar este trámite.

En segundo lugar, deberías comprobar a quiénes has nombrado beneficiarios de algunos de tus activos, como la póliza del seguro de vida o del fondo de pensiones. Si los herederos que has nombrado en el testamento son distintos de los beneficiarios elegidos para estos activos, existe un conflicto de información, lo que podría obligar a que un tribunal determinara quién heredará el activo en cuestión. Intenta evitar este tipo de problemas y asegúrate de que la información sea la misma en ambos casos.

Día 24 PLAN DE ACCIÓN
Asegúrate de que tus voluntades financieras te sobreviven.

1. Decide cómo te gustaría dividir tu herencia y a quién le corresponde cada activo. Piensa en tu pareja, tus hijos, otros miembros de la familia, tus amigos y organizaciones benéficas.

2. Revisa los beneficiarios que has elegido para determinados activos y comprueba si necesitas cambiarlos para que se ajusten a la información que contiene tu testamento.

3. Contrata a un notario o abogado para que te ayude a redactar el testamento.

4. Examínalo cada pocos años para asegurarte de que sigue teniendo validez. Como ya has hecho en otras ocasiones, añade un recordatorio en tu calendario.

Día 25

En los últimos días has elaborado un fantástico plan de emergencia haciendo testamento y comprobando el estado de tus pólizas de seguro. Ahora seguiremos con la planificación para la adversidad e intentaremos solucionar los últimos flecos relacionados con nuestra seguridad financiera.

No estoy defendiendo que hayas de elaborar un plan muy detallado sobre cómo afrontarías cualquier posible desgracia que pudiera ocurrirte. Es más, me atrevería a decir que es imposible prepararse a fondo para este tipo de situaciones, ya que cada una puede evolucionar de un modo muy distinto. Sin embargo, no te hará ningún daño dar un paso atrás de vez en cuando y recordar que debes considerarte una persona muy afortunada por tener lo que tienes (incluso aquellas cosas que das por sentado, como un tejado sobre la cabeza y un plato de comida en la mesa cada noche) y pensar también en todos los bienes que has ido acumulando a lo largo del tiempo. Y ya que estás en ello, recuerda que las desgracias ocurren y que es importante ser consciente de sus consecuencias. Busca unos minutos para hacer un repaso rápido de todas las redes de seguridad de que dispones para enfrentarte a los imprevistos más probables y toma medidas preventivas para reducir los riesgos financieros generales.

Estos son algunos de los escenarios que podrían hacerte descarrilar:

* Perder el trabajo o sufrir una reducción de la jornada laboral
* Que tu pareja pierda el trabajo
* Un divorcio
* Una enfermedad breve o larga que te afecte a ti, a tu pareja, a tus hijos o a un padre
* Perder todos los ahorros

Sé consciente de lo que tienes y da las gracias

1. **Expresa gratitud.** Toma un bolígrafo y anota todo lo que te venga a la mente por lo que puedas expresar agradecimiento. Amplía la lista en los días posteriores y adquiere la costumbre de anotar cada noche tres cosas de lo que te ha ocurrido a lo largo del día y por lo que puedes mostrar tu agradecimiento.

2. No caigas en la autocomplacencia, recuerda que todo lo que tienes y que es motivo de gratitud son cosas que muchos otros no tienen, pero que desearían tener.

3. Repasa la lista anterior que incluye situaciones adversas que podrían ocurrirte y pregúntate cómo las abordarías a nivel financiero. (Por supuesto, también está el aspecto emocional de cómo te enfrentarías a cualquiera de estas situaciones, pero, sin despreciar esta cuestión, por desgracia no encaja en el tema del libro).

4. Piensa en los pasos que podrías dar para crear o ampliar las medidas de seguridad necesarias para ese tipo de situaciones; por ejemplo, ¿puedes reducir fácilmente 100 $ de los gastos mensuales si tu pareja o tú sufrís una pérdida de ingresos? ¿Qué ocurriría si tuvieras que pasar con 500 $ menos al mes? ¿Qué cambios tendrías que hacer? ¿Y si perdierais la mitad de vuestros ingresos (combinados)? ¿Podrías dedicar más horas a tu segunda fuente de ingresos para ganar más dinero en caso de necesidad? ¿Y si un familiar enfermara y tomases la decisión de encargarte de su cuidado? ¿Qué consecuencias tendría? Valora la posibilidad de crear un fondo para entre tres y seis meses, que te ayudaría a asumir los gastos durante un tiempo si te encontraras sin trabajo.

Día 26

PÁSALO

Un bonito efecto secundario de ampliar los conocimientos financieros es la posibilidad de compartirlos, de forma directa o indirecta, con los demás y ayudarlos a beneficiarse de tu excelencia financiera. Recuerda el privilegio que supone el simple hecho de tener dinero que puedas gestionar y de tener suficiente para cuidar de ti. A pesar de que suene a tópico, no podemos olvidar que la mayoría de gente del mundo se encuentra en una situación mucho menos ventajosa.

Analicemos cómo puedes ayudar a los demás y echarles una mano con su educación y preocupaciones financieras.

Beneficencia

La primera opción para devolver una parte de lo que has conseguido es donar a la beneficencia. No se trata de que gastes cientos de dólares cada año. Es como ahorrar dinero: empieza pronto, aunque solo puedas destinar 1 $ al mes o 10 $ al año. No solo se trata de la cantidad que dediques en ese momento, sino que además te infunde la costumbre de donar, por lo que cada vez que te sobre alguna suma, será más fácil aumentar la aportación a la causa que elijas, aunque sea una cifra modesta. También resulta útil recordar que hay mucha gente que se encuentra en una situación mucho menos ventajosa que tú y para ellos esa aportación (por pequeña que sea) puede suponer una importante diferencia.

Aparte de las aportaciones mensuales o anuales, o si no tienes la capacidad de donar, valora la opción de incluir a una entidad benéfica en tu testamento, o de ofrecerles tu tiempo como voluntario en lugar de dinero, ya que así podrás ayudarlos a recaudar fondos o a poner en marcha una campaña de concienciación.

Niños y finanzas

Ya tengas hijos, nietos o sobrinos, o hayas pensado en tener hijos en el futuro, debes saber que puedes desempeñar un papel muy importante en su educación financiera y que esta puede ser una forma más de que se beneficien de tu éxito en este aspecto. Entre las ideas más destacadas se incluyen:

★ Dar una pequeña paga a los niños desde una edad temprana para que aprendan a planificar cómo van a gastar su dinero y a ahorrar para realizar compras de una mayor envergadura, ya que así aprenden el valor del ahorro, la planificación y las prioridades.

★ Valora la posibilidad de ofrecerte a equiparar (o de pagarles un modesto interés) en función de la cantidad que sean capaces de ahorrar si aún no disponen de una cuenta de ahorro en el banco.

★ Da tres frascos a cada niño: uno para el dinero de gastar que siempre puedan usar; otro para ahorrar con un objetivo concreto y otro para donarlo a la entidad benéfica que elijan.

★ Prepara una lista de tareas que puedan hacer en casa para sacarse un dinero extra. Puedes fijar la cantidad máxima que pueden ganar a la semana o al mes si deseas establecer un límite. De este modo, aprenden a ganar dinero y que pueden ahorrarlo para cumplir antes con el objetivo marcado.

★ Explícales qué es la deuda y cuáles son sus implicaciones financieras a largo plazo. El mejor método para que aprendan es ofrecerles un pequeño préstamo para que compren algo que desean y cobrarles un interés hasta que puedan liquidar la deuda. Es una lección dura, pero sin duda muy valiosa.

Aparta dinero para tus hijos

Otra forma de ayudarlos económicamente es apartando dinero en una cuenta de ahorros o de inversión, por ejemplo, ya sea para tus hijos o para tus nietos. No solo se trata de un método fantástico de demostrarles el gran poder del interés compuesto, algo que aprenderán cuando sean mayores, sino que también es un regalo fantástico para cuando cumplan su mayoría de edad o como regalo de boda.

Cuanto antes lo hagas, más aumentarán los réditos. Si tienes la suerte de vivir en un país que ofrece ayudas para la manutención de los hijos, y los padres o tutores reciben un pago de la seguridad social para sufragar el coste de la crianza, puedes valorar la opción de apartar cierta cantidad de este dinero. Si pudieras invertir 75 $ al mes desde el nacimiento de tu hijo o nieto, esta cifra ascendería a más de 32 700 $ cuando el beneficiario cumpliera dieciocho años (con un interés del 7 %).

Obviamente, no todo el mundo puede permitirse ahorrar esta cantidad. Si es tu caso, no des por sentado que no tienes capacidad para invertir. Tal vez puedas ahorrar la mitad de esa cifra, o solo 25 $ o 10 $ al mes si eso se ajusta a tu situación. Aunque solo puedas aportar 10 $ al mes, al cabo de 18 años se convertiría en 4365 $, ¡una suma más que digna para cualquier persona de esa edad!

Disfruta planificando el regalo de dar.

1. Piensa en cómo podrías contribuir con tiempo o dinero a una entidad benéfica de forma habitual o esporádica. Decide a qué tipo de organización benéfica te gustaría ayudar y si puedes realizar una aportación económica, no te olvides de incluirla en tu plan de gasto.

2. Si tienes hijos, nietos o sobrinos, piensa en cómo puedes transmitirles tu saber en materia financiera, siempre de un modo adecuado para su edad.

3. Decide si quieres crear un fondo de inversión o de ahorro para tus hijos o nietos, con una aportación mensual. En tal caso, abre una cuenta individual para cada uno y actualiza el plan de gastos. Consulta las condiciones detenidamente, ya que existe la posibilidad de que no puedas designar a un menor como beneficiario, lo que te obligaría a incluirlo en tu testamento para asegurarte de que recibe el dinero en caso de que fallecieras antes de que alcanzara la mayoría de edad.

TU FUTURO FINANCIERO

En las últimas semanas has trabajado mucho, has invertido tiempo y esfuerzo para mejorar tus finanzas, y has emprendido el camino hacia la excelencia financiera. Si algo no deseas ahora es que todo ese esfuerzo haya sido en vano. La excelencia financiera no finaliza al llegar al día 30. Se trata de un proceso continuo, formado por muchos de los hábitos que has ido adquiriendo a lo largo de este viaje; consiste también en un cambio de actitud, de dar varios pasos pequeños que te permitirán alejarte de la situación financiera que tenías hasta que empezaste este programa. Los pequeños avances que logres conseguirán encauzarte, con paso lento pero firme, en el camino de la alternativa: la ruta hacia la excelencia financiera.

Sin embargo, una vez que hayas emprendido el nuevo camino es fácil recaer en los antiguos hábitos y volver al camino que resultaba más cómodo y fácil, el camino hacia el que te empujaban muchas personas, que no elegiste, sino que te dejaste arrastrar por el rebaño para hacer lo mismo que hacían los demás. Era una situación que no te obligaba a pensar; podías acumular deudas de consumo porque ¿quién no las tenía? No tenías que planificar tu jubilación; nadie lo hace, así que no pasa nada. La gente de tu alrededor presumía de coche nuevo, del último modelo de móvil, te mostraba las fotografías de sus últimas vacaciones en un lugar idílico y tu reacción instintiva era imitarlos.

El nuevo camino que has emprendido se adentra por vericuetos menos transitados. De hecho, al principio te resultará más duro. No encontrarás mucha gente dispuesta a ayudarte. Y hallarás muchos más obstáculos que deberás sortear por tu cuenta, cosas que ignorabas y que tus amistades también desconocen. Oirás a gente a lo lejos que te gritará para que vuelvas, que no hagas tonterías, o que se reirá de ti a medida que te alejes al tomar un camino menos familiar y menos cómodo.

Pero ¿sabes qué? Que no pasa nada. Si te dedicas a imitar a los demás, acabarás como ellos: con problemas económicos, habrás contraído una gran deuda, serás más vulnerable a los caprichos y estilo directivo de tu jefe (y por mucho que no te guste, tendrás que aguantarlo, ya que necesitarás el dinero para permitirte tu estilo de vida); tendrás un plan de jubilación precario (si es que llegas a tenerlo) y no dispondrás de ninguna medida de emergencia en caso de que sufras un revés y debas encontrar otra forma de financiación.

Créeme cuando te digo que si tomas el segundo camino acabarás mostrando un gran agradecimiento por tres motivos:

★ **Cuanto más tiempo seas fiel a esta opción, más estimulante será.** Cuando empieces a ver los efectos de las nuevas medidas que tomes (reducción de la deuda,

creación del fondo de emergencia, aumento de los
ahorros, más ingresos), cogerás impulso, te sentirás más
a gusto y se disiparán las dudas por haber tomado un
nuevo camino.

★ **Todo resultará más fácil.** Si tomas decisiones ahora, no
tendrás que tomarlas cada mes. La tensión y la angustia
que pueden generar este tipo de decisiones es muy
real y a menudo conducen a la inacción. Al forjar unos
hábitos financieros muy sólidos, te beneficiarás de estas
acciones durante el resto de tu vida. A medida que avances
aumentarán tus conocimientos, lo que significa que serás
capaz de rehuir más fácilmente los cantos de sirena de la
gente que encuentres en el camino. Es más, puede que
seas capaz de ayudar a una o dos de esas personas para
que emprendan también un nuevo camino.

★ **Podrás hacer realidad tus sueños.** Tu vida financiera
será cada vez más segura, ganarás más dinero gracias
a tu segunda fuente de ingresos y podrás ahorrar para
distintos objetivos. Si te pierdes el trabajo no te quedarás
en la calle ni te verás en la obligación de irte a vivir con tus
padres. Podrás retirarte con unos ahorros considerables.

Así pues, aunque el inicio resulte más duro, con el tiempo la
situación será más fácil. Cuanto más tiempo pase, más difícil será
el *otro* camino: la gente empieza a tener problemas para pagar las
cuotas de los créditos, sobre todo si pierde el trabajo. Cuando lle-
guen a la edad de jubilación y quieran tomarse las cosas con algo
más de calma para disfrutar de su tiempo, tendrán que esforzarse
aún más en el trabajo para competir con una generación más joven.
A medida que pase el tiempo, resultará más obvio que tomaste el

camino correcto. ¡Pero no esperes que los demás lo admitan tan fácilmente! Preferirán culpar a cualquier otra persona, a los avatares de la vida o a la sociedad de sus problemas, en lugar de a su incapacidad para reaccionar a tiempo.

Sin embargo, tu aventura no ha hecho más que empezar. Acabas de tomar el camino hacia la excelencia financiera. El camino hacia la mediocridad financiera aún está muy cerca y conserva todo su atractivo. De hecho, aún oyes su llamada para que regreses.

¿Cómo vas a asegurarte de no dar marcha atrás y acabar como los demás? Te propongo que acabemos este plan de 30 días con varias técnicas para evitar recaer en la mediocridad. El objetivo es eliminar el máximo de obstáculos que encontrarás en el camino hacia la excelencia financiera.

Día 27

Alcanzar la excelencia financiera es un proceso emocionante pero largo que exige disciplina. Por muy elevada que sea tu motivación para poner orden en tu vida financiera y por mucho que desees invertir en tu futuro financiero, en ocasiones te fallará esa motivación, sobre todo cuando te parezca que supone demasiado esfuerzo ya que sentirás la tentación de ceder al deseo instantáneo y las distracciones que te rodean en lugar de aprender a gestionar tu dinero de forma responsable.

A continuación te ofrezco una serie de técnicas que puedes usar para combatir esos sentimientos o tentaciones y seguir adelante con tu plan:

Visualiza

Empieza visualizando tu objetivo. Cierra los ojos y piensa en cómo será tu vida financiera una vez que hayas puesto orden en ella: sabrás en qué inviertes el dinero, tendrás una cuenta de ahorros que aumentará cada mes y conocerás perfectamente cuáles son las metas para las que estás ahorrando y cuánto necesitas para cada una. Tu plan de jubilación está bien encauzado y te has planteado una serie de objetivos de ingresos muy claros que intentarás cumplir con una nueva fuente de ingresos. Tu deuda ya no crece; de hecho, has ido reduciendo todas las deudas y tienes una fecha prevista en la que podrás liquidarlas todas.

Siente la paz que genera el hecho de saber que tienes el control de todos estos aspectos o, cuando menos, el hecho de saber que has tomado el camino correcto y estás logrando avances en todos los frentes. Compara esto con el estrés, la inseguridad, la angustia y el desánimo que podrías haber sentido en el pasado al pensar en tus finanzas y el futuro. Valora la sensación de tranquilidad que aporta el hecho de saber que estás gestionando tu dinero y que has adquirido una gran seguridad en todo lo relacionado con tus finanzas personales.

Haz el seguimiento

Cuando te plantees nuevos objetivos, acostúmbrate a hacer el seguimiento de tu progreso para alcanzar cada meta de un modo divertido, visual y creativo. Puede ser algo tan sencillo como dibujar 100 cuadraditos, cada uno por un valor de 100 $ para representar los 10 000 $ de deuda que vas a devolver, en tu diario, en una hoja de papel de la nevera o en una pizarra colgada en el interior de la puerta de tu armario. Al hacer visible el objetivo, este se convierte en algo real y cuando actualizas tu progreso con cierta regularidad, sientes una gratificación instantánea y ves cómo te aproximas a la meta. Si buscas inspiración y quieres encontrar ideas creativas y divertidas, consulta Pinterest u otras redes sociales, donde encontrarás un sinfín de modelos para el seguimiento de objetivos financieros.

Celébralo

A menudo, llevados por la vorágine de cumplir un propósito, nos olvidamos de algo muy importante: ¡celebrarlo! No solo cuando conseguimos el objetivo final, sino de celebrar los pequeños pasos intermedios. Roma no se construyó en un día y tampoco vas a ahorrar 20 000 $ de un día para otro para poder liquidar todas tus deudas. Es buena idea dividir las grandes metas en pequeños hitos y cada vez que consigas uno date un capricho. Puede ser cualquier cosa que te apetezca: ir al cine, un café con tu mejor amiga, una escapada a un spa o aquello que te haga feliz, esa palmadita en la espalda que todos necesitamos cuando hemos logrado algo importante. (Aunque intenta no pasarte con el presupuesto de la celebración ya que ello te obligaría a retroceder en tu plan).

Identifica y celebra tus éxitos.

1. Crea un tablero de motivación con imágenes o citas del objetivo que quieres hacer realidad gracias a los conocimientos financieros que has adquirido: liquidar todas tus deudas y conseguir la paz mental, cumplir con los objetivos para la jubilación o comprar un coche de segunda mano sin necesidad de pedir un crédito. Pon el tablero en un lugar destacado y obsérvalo con atención, al menos una vez al día, por la mañana o por la noche, para no olvidar tus objetivos.

2. Decide cuáles son tus principales objetivos financieros para los próximos meses y registra todo el progreso que realices en cada uno. Anota cada objetivo final en la cabecera de cada tablero de seguimiento financiero, y actualiza el progreso siempre que te acerques a la meta.

3. Establece hitos intermedios para cada objetivo. Decide cómo celebrarás esos logros. Escríbelo junto a cada hito en el tablero de seguimiento. ¡La recompensa que te has preparado te servirá de motivación para cumplir antes con el objetivo!

Día 28

Una vida financiera excepcional va de la mano de una oficina doméstica bien organizada. Para ello necesitas un espacio de trabajo limpio y atractivo para pagar facturas, actualizar el plan de gastos y realizar el resto de las tareas relacionadas con tus finanzas; un espacio en el que puedas archivar los documentos que necesitas más a mano y que te permita localizarlos rápidamente.

Analicemos detenidamente los tres aspectos básicos para tener un sistema financiero bien organizado.

Lo primero que necesitarás son carpetas donde guardar la documentación. Cada una debería estar destinada a un tema, por ejemplo: «casa», «coche», «salud», etc. También puedes subdividir estas categorías tan amplias. En «casa» puedes tener «hipoteca», «facturas de la electricidad» y «contribuciones urbanísticas», por nombrar solo algunas. Usa separadores para dividir cada categoría. Mantén los documentos en orden cronológico inverso: los más antiguos al final y los más recientes al principio.

Si quieres minimizar la cantidad de papeleo que tienes por casa, valora la posibilidad de eliminarlo por completo y trasladar todos los archivos a un formato digital. Seguramente tendrás que invertir en un pequeño escáner para digitalizar todos los documentos de los que no tengas copia digital. Archívalos de un modo lógico y fácilmente accesible, así que asegúrate de crear en el ordenador una estructura de carpetas similar a la que he descrito anteriormente; y no te olvides de realizar copias de seguridad físicas, como en un disco duro externo, o en la nube.

En segundo lugar, necesitas un lugar de trabajo o un despacho en casa que sea agradable, con suficiente luz, temperatura regulable, una buena silla y objetos personales como una fotografía familiar o una planta para darle algo de alegría al espacio. Ten a mano los artículos de papelería que uses con mayor frecuencia, como bolígrafos, grapadora y grapas, sobres y un escáner, si lo necesitas. Ten los archivos con la documentación a mano. Aquí es donde ordenarás los documentos, pagarás facturas y planificarás los gastos y objetivos financieros. Cuanto más simple y cómodo sea, mayores serán las probabilidades de que quieras dedicar el tiempo necesario a tu vida financiera.

Finalmente, te recomiendo que tengas un pequeño espacio para clasificar el correo junto a la puerta de entrada. Pon cuatro cestos o carpetas para dividir el correo en cuanto lo abras: archivo, pendientes de leer, pendientes de hacer y reciclaje.

Una vez a la semana coge las cestas de «pendientes de leer» y «pendientes de hacer», llévatelas al despacho y procesa cada documento. A continuación, ponlo en la cesta de «archivo» o «reciclaje». Una vez al mes, tira a la papelera todos los documentos de la cesta de «reciclaje» y archiva los de «archivo».

Crea una oficina doméstica que te ofrezca el mejor ambiente posible para lograr tus objetivos.

1. Crea un sistema de archivo o, si tienes uno, comprueba que se ajusta a tus necesidades. Crea categorías adecuadas y relevantes para tu casa, ya sea en un archivo físico o digital.

2. Registra toda tu casa y reúne todos los documentos que puedas procesar, archivar o reciclar.

3. Crea un espacio agradable en el que trabajar en tus finanzas y ten toda la documentación a mano.

4. Crea un puesto de clasificación junto a la puerta de entrada que te permita organizar al instante todo el correo que recibas. Abre y pon las cartas en la cesta correspondiente a diario, léelas y procésalas una vez a la semana y archiva o destruye y recicla todo lo demás un día al mes.

Día 29

ELABORA UN PLAN A LARGO PLAZO

A medida que nos acercamos al final de este plan de 30 días y con la mirada puesta en el futuro y lo que puede depararnos, creo que es el momento ideal para analizar hacia dónde quieres que se encamine tu vida y, en concreto, cómo te gustaría que evolucionase tu situación económica. El esfuerzo que has realizado en las últimas semanas para cumplir con las diversas tareas de este libro te permitirá aunar toda la información y trazar con ella una hoja de ruta y planificar tus finanzas. Y, recuerda, cuanto más concreto sea el plan, mejor.

Utiliza tus notas, planes y los planes de acción de los días anteriores para repasar todos los temas que hemos tratado y fíjate las metas correspondientes para cada una utilizando distintos plazos de tiempo; a continuación, decide cuánto te gustaría haber ahorrado dentro de un año. ¿Y dentro de tres años, cinco, etc.?

Haz lo mismo para tus deudas, ingresos, fondos de pensiones e inversiones personales. A continuación, te ofrezco varias fechas a corto, medio y largo plazo que puedes utilizar como hitos para tu planificación.

★ 1 año

★ 3 años

★ 5 años

★ 10 años

★ 25 años

Obviamente, el dinero no aparecerá como por arte de magia por el simple hecho de haber anotado la fecha. Si quieres que tus sueños se cumplan, debes saber cómo vas a lograrlos: necesitas un plan y decidir cómo hacerlo realidad. En cada área y marco temporal, anota lo que debes hacer para alcanzar el objetivo.

Imagina que tu meta es ahorrar 3000 $ adicionales a final de año; en tal caso debes especificar que esto representa 250 $ adicionales durante los próximos doce meses. Examina tu plan de gastos y determina de dónde va a salir el dinero cada mes a partir de ahora. ¿Qué gastos vas a reducir o cómo vas a aumentar los ingresos? Una vez que hayas elaborado el plan para el próximo año, haz lo mismo para tres, cinco, diez y veinticinco años.

Acostúmbrate a revisar tu plan una vez al año; habitualmente es buena idea hacerlo en torno a Año Nuevo, en la época de la declaración o al principio del año académico. Compara las cifras con tu situación hace un año. Actualiza las metas o crea una serie de objetivos nuevos y mantén un plan activo para lograrlos.

Día 29 PLAN DE ACCIÓN
Fíjate los objetivos a largo plazo.

1. Determina metas concretas para cada área financiera para el plazo de un año, tres, cinco, diez y veinticinco. No te compliques la vida más de la cuenta, pero recuerda que tienes libertad absoluta para modificar estos plazos si hay otros que tienen más sentido para ti. Pon todo esto en práctica con las deudas, ahorros, ingresos, fondos de pensiones e inversiones y añade otros conceptos si quieres. Tal vez quieras incluir un objetivo relacionado con tu valor neto, tu mentalidad o gastos, por ejemplo.

2. Considerando los planes de a uno y tres años vista, ¿cómo vas a conseguir los objetivos? ¿Qué ajustes debes realizar en tus gastos

y potencial de ingresos para alcanzar esos objetivos? Anota las medidas que pondrás en práctica para lograr los objetivos.

3. Elige el momento del año en que revisarás tus objetivos y posteriormente modifica el plan si es necesario. Apunta esta fecha en el calendario.

Día 30

LOS ERRORES DE DINERO QUE DEBES EVITAR

Como hemos llegado al último día de este curso de 30 días y hemos repasado todo lo que tenemos que hacer para alcanzar la excelencia financiera, me gustaría acabar con algunos consejos sobre todo lo que debes evitar:

Vivir por encima de tus posibilidades

Un ordenador nuevo, ropa de diseño o una casa más grande… todo esto puede resultar muy tentador y es fácil gastar el dinero en estas cosas. Tu principal objetivo siempre debe ser vivir por debajo de tus posibilidades; para ello pregúntate siempre si de verdad necesitas eso que estás a punto de comprar. Gasta menos de lo que ganas y ahorra o invierte lo que te sobre en la construcción de un futuro más estable desde el punto de vista financiero. No compres a crédito cosas que no necesites, que puedan ponerte en un aprieto económico o que se escapen de tu presupuesto. Si vives por encima de tus posibilidades, tampoco podrás alcanzar la estabilidad financiera. No caigas en la tentación de imitar a tu vecino o de ir siempre a la última porque eso es lo que hacen los demás. Sigue tu propio plan y prioridades.

Ceder a la inflación del estilo de vida

El punto anterior está vinculado con la trampa en la que todos acabamos cayendo con el tiempo: la inflación del estilo de vida, o la lenta pero constante devaluación de nuestro estilo de vida y nuestras expectativas cada vez más grandes. Aquello que al principio considerábamos apropiado (un fin de semana en un hotel de categoría media, nuestro teléfono móvil nuevo) con el tiempo pierde su valor y acaba pareciéndonos algo que no es digno de nosotros. Esto provoca que a medida que pasa el tiempo queramos más cosas, más grandes y de mayor calidad. Presta mucha atención a este comportamiento, esfuérzate por apreciar lo que tienes y no cedas a la sensación de que algo no es digno de ti. Si te funciona bien el coche, el móvil o el ordenador y cumple con su cometido, espérate a cambiarlo hasta que sea verdaderamente necesario. Seguro que te hizo mucha ilusión cuando lo adquiriste, así que intenta evocar ese momento y sácale todo el jugo que aún le quede.

No ser consciente del impacto de las comisiones

No infravalores el impacto de las comisiones y los tipos de interés en un período de tiempo prolongado. Calcula minuciosamente el importe total de los intereses que acabarás pagando de tu hipoteca o de otro préstamo a largo plazo que hayas contratado. Si inviertes dinero o estás pensando en empezar a invertir en breve, consulta las comisiones que pueden cobrarte: mantenimiento, gestión, suscripción… estas son solo algunas de las que puedes pagar. Tal vez ahora te parezca poco pagar una comisión, pero con el tiempo puede tener un gran efecto en tus finanzas. Mil dólares invertidos anualmente con un 7 % de retorno se convertirán en más de 96 000 $ al cabo de treinta años con una comisión anual del 0,25 % (inversión en un índice con bajo coste), pero ese mismo capital ascenderá a solo 68 000 $ en el caso de que lo inviertas en una cuenta con una comisión del 2 % (como las mutualidades, por ejemplo).

No tener en cuenta la inflación

Una economía saneada tiene una tasa de inflación anual de entre el 2 % y el 3 %. Eso significa que cada año el dinero pierde ese porcentaje de su valor. Lo que en un principio costaba 100 $ costará 102 $ al cabo de un año, 104 $ al cabo de dos, 122 $ al cabo de diez y 164 $ al cabo de veinticinco con una tasa de inflación anual del 2 %; si fuera de un 3 %, el precio ascendería a 209 $ al cabo de veinticinco años. Cuando calcules tus necesidades para la jubilación, para la que aún suelen quedar muchos años, asegúrate de que realizas los cálculos teniendo en cuenta la inflación. Si crees que necesitarás 1500 $ al mes cuando te jubiles, recuerda que esa cifra ascenderá a unos 2460 $ dentro de veinticinco con una tasa de inflación del 2 %, y a 3140 $ con una inflación del 3 %. Ajusta los números anualmente y no te olvides de tener en cuenta el valor actual y futuro de tu dinero. Una forma sencilla de mantenerse al día es aumentar las aportaciones anuales a tu cuenta de ahorros o de jubilación en un porcentaje ligeramente superior al de la tasa de inflación; por ejemplo, si aportas 100 $ mensuales este año, el año que viene que sean 103 $.

No reservar tiempo con cierta frecuencia para mantener tu organización/vida financiera

Uno de los aspectos más importantes, cuando no el *más* importante, que puedes tener en cuenta para mejorar tu vida financiera es actualizar con regularidad el estado de tus finanzas. Sin esos momentos en que dedicas un tiempo de concentración absoluta resulta difícil tener el control total de tus finanzas y correrás el peligro de echar a perder todos los avances que has logrado en las últimas semanas. Si no sabes por dónde empezar, en el apéndice te ofrezco un resumen de la frecuencia con la que puedes revisar cada hábito o área de tu vida financiera.

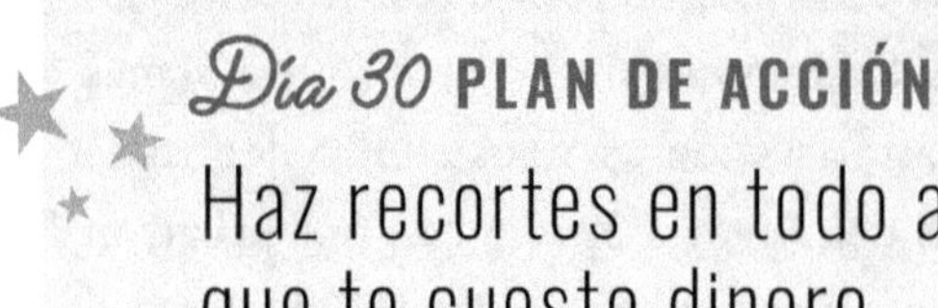

Haz recortes en todo aquello que te cueste dinero.

1. Analiza con ojo crítico algunas de las compras que hayas planeado realizar a corto plazo y decide si son de verdad necesarias y se ajustan a tu plan de gastos. ¿Necesitas gastar ese dinero o podrías pasar con lo que tienes y esperar un poco más? ¿Qué puede más, la necesidad o el deseo de tener todas esas cosas por presión social o por el mensaje que transmiten? ¿Podrías destinar el dinero a un mejor fin?

2. Consulta las comisiones ocultas de las cuentas bancarias y de inversión, como las comisiones de mantenimiento, por tarjetas de crédito, etc. Intenta renegociarlas o valora la posibilidad de cambiar de entidad bancaria.

3. Elige un día del calendario para revisar las aportaciones anuales que haces a tus cuentas de ahorros, de inversiones y de jubilación. Añade un recordatorio para ingresar los importes correspondientes a la tasa de inflación del año anterior y del 50 % de los aumentos de sueldo que hayas recibido durante el año.

4. Dedica tiempo a trabajar en tus finanzas. Conviene que inviertas cierto tiempo una vez al día, a la semana y al mes para adquirir el hábito de controlar el estado de tus finanzas, un proceso que empezó hace solo 30 días. ¡Tu yo del futuro te lo agradecerá!

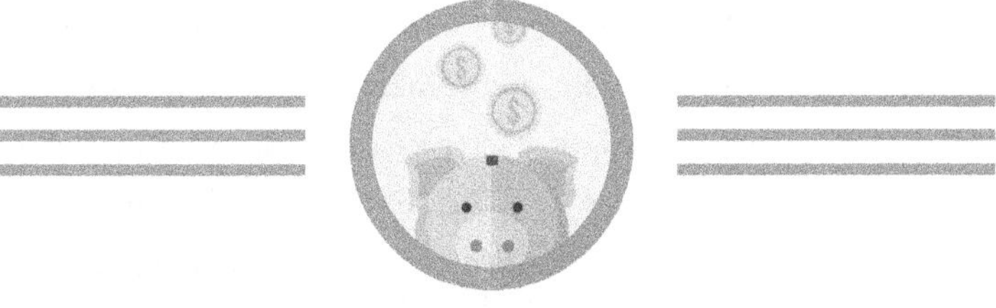

¿Y AHORA QUÉ?

¡Enhorabuena por llegar al final de este viaje para crear tu nuevo yo financiero! En los últimos 30 días has puesto orden en el caos de tu antigua vida económica. Has puesto en marcha una serie de buenos hábitos financieros, has iniciado el viaje para liquidar todas tus deudas, has empezado a invertir en un futuro financiero seguro y más próspero, y te has fijado una serie de objetivos para seguir avanzando en el camino hacia la excelencia financiera. Espero sinceramente que a estas alturas tengas la sensación de que tus finanzas personales están más estructuradas y, aunque todavía no hayas alcanzado la meta que te has planteado, confío en que sentirás que has tomado el camino adecuado, que tienes más claro a dónde te diriges y que sabes cuál es tu destino. Sin embargo, espero por encima de todo que tu nueva vida financiera se haya traducido en un aumento de tu felicidad.

Sí, sé que aún es pronto, y seguro que hay días en los que sentirás que no puedes con todo cuando haya algo que no salga según lo previsto. Pero ¿sabes qué? Que no pasa nada, que a veces es así como me siento yo.

Pero, eh, piensa que ya has empezado y eso es lo más importante que puedes hacer. Has dado el primer paso para poner fin a la desorganización financiera que reinaba en tu vida, el estrés y la sensación de escasez han dado paso a una vida de organización económica, sin preocupaciones y con un sentimiento de abundancia.

Y todo eso en solo 30 días, un cambio formidable, en mi opinión. A partir de ahora, te animo a que sigas avanzando por el camino que has emprendido y que lleves a cabo cambios de mayor calado aprovechando el poder del interés compuesto, a que liquides deudas para poder invertir el dinero sobrante y a que aumentes tus ingresos con esa segunda fuente de ingresos. Consulta el apéndice para saber cómo puedes mantener el control de todos los cambios que has llevado a cabo. ¡Brindo por tu nuevo yo financiero, el ninja de las finanzas personales!

Apéndice

Frecuencia	Tarea	Día	Tiempo	Tiempo total
Diaria	Ordena la correspondencia que hayas recibido	28	2 minutos	10 minutos
	Lee las afirmaciones del día 2. Pasa a un nuevo nivel si alguna de las afirmaciones te genera incomodidad	2	3 minutos	
	Controla los gastos	3	5 minutos	
Semanal	Calcula cuánto has ahorrado al reducir determinado gasto	4	3 minutos	15–20 minutos más 1–10 horas de tu segunda fuente de ingresos
	Procesa facturas y otros papeles	28	15 minutos	
	Dedica tiempo a la segunda fuente de ingresos	16	1–10 horas	

	Calcula la tasa de ahorro del mes anterior	8	5 minutos	
	Actualiza el seguimiento de los objetivos	27	5 minutos	
	Calcula tu nuevo valor neto	10	10 minutos	
	Actualiza tus ingresos mensuales y objetivos de ahorro	15 y 17	10 minutos	
Mensual	Archiva la documentación	28	10 minutos	1–1,5 horas
	Crea un nuevo plan de gastos para el mes siguiente	5	15 minutos	
	Actualiza tu saldo de deuda y planes de liquidación de deuda	12 y 13	15 minutos	
	Asegúrate de que el fondo de emergencia dispone de suficiente capital	14	2 minutos	
	Consulta el capital acumulado en tus fondos de pensiones	19	5 minutos	
	Aumenta las aportaciones a los fondos de pensiones	21	10 minutos	
Trimestral o anual	Comprueba que tienes el testamento actualizado	24	15 minutos	2–2,5 horas más 1–20 horas a tu capital personal
	Comprueba y actualiza todos tus objetivos de ahorro	7	20 minutos	
	Audita tu seguro	23	20 minutos	
	Actualiza los planes financieros a largo plazo	29	1 hora	
	Invierte en tu capital personal	18	1–20 horas	

Una pequeña petición

¿Te ha gustado el libro? ¡Tu ayuda es muy importante!

Espero que este libro te haya enseñado el camino para lograr la excelencia financiera y para adquirir unos hábitos financieros saludables.

Las reseñas son una de las herramientas más poderosas que existen para hacer llegar mi obra a más lectores. Como autora con una reducida base de seguidores, resulta difícil dar a conocer mi libro y lograr que los algoritmos de las librerías de internet aumenten su visibilidad. Una reseña no solo permite que los demás sepan que deseas recomendar este título, sino que supone una mayor visibilidad, ya que cuantas más reseñas se escriban, más probabilidades hay de que las librerías de internet muestren mis obras cuando un lector busque una nueva opción de lectura.

Si te ha gustado el libro y te ha parecido útil, te estaría agradecidísima de que dedicaras un par de minutos a escribir una valoración.

¡Muchas gracias!
Inge

Agradecimientos

Gracias a mis correctores: Chris Noel, Susannah Noel y Sheryl Rapée-Adams, por sus brillantes aportaciones y sugerencias.

Heidi Dorr ha realizado una tarea de revisión del libro fabulosa.

Al igual que la última vez, Domini Dragoone se ha superado con la cubierta y el diseño interior. No podría estarle más agradecida por todas las sugerencias.

También me gustaría dar las gracias a Roberto Falcó, Roser Ruiz y Ana Alcaina por la traducción y corrección de estilo y ortotipográfica del libro.

Una vez más, EbookPbook ha hecho una versión digital de este libro que mantiene el fantástico diseño de la edición en papel.

Mi hermana, Martine Hol, no ha dejado de motivarme para que persiga mis sueños y haga hoy lo que más me gusta en lugar de dejarlo para mañana.

También deseo expresar un agradecimiento especial a mi marido, Douglas Haines, por sus ánimos, su paciencia a lo largo del proceso y su apoyo inquebrantable.

Sobre la autora

Inge Natalie Hol es una autora, *coach* de finanzas personales y educadora que dirige dos negocios. Sus grandes pasiones son ayudar a los demás a mejorar su situación económica y a hacer realidad sus sueños.

Vive en España con su marido, dos gatos adoptados y tres perros adoptados.

Ha escrito *100 Steps to Financial Independence: The Definitive Roadmap to Achieving Your Financial Dreams*.

Asimismo, presenta el podcast semanal The Financial Harmoney Podcast, disponible en las principales plataformas de podcasts.

Puedes conectar con Inge en su sitio web www.ingenataliehol.com y en:

Twitter (twitter.com/IngeNatalieHol)
Facebook (facebook.com/IngeNatalieHol)
Instagram (instagram.com/IngeNatalieHol)
IngeNatalieHol.com/books

En breve llegarán más libros.